# アフターコロナのマーケティング戦略

## 最重要ポイント40

Hikaru Adachi
足立光
株式会社ファミリーマート
エグゼクティブ・ディレクター、CMO

Kazuki Nishiguchi
西口一希
株式会社Strategy Partners 代表取締役
M-Force 共同創業者

ダイヤモンド社

イントロダクション

# コロナ前後で、何が変わったのか？

２０２０年1月に中国の武漢で新型コロナウイルスの集団感染で都市封鎖（ロックダウン）が実施されて以降、目まぐるしく状況が変わりゆく中で、自分自身が何を感じ、何を意識していたのか。自分の感じ方がどう変わっていったかを振り返ってみましょう。

「いったい何が起こっているのか」
「これからどうなるのか」
「今後、自分は何をしなくてはならないか」

日々、気持ちが大きく揺れ動いたのではないでしょうか。

ビフォーコロナと、アフターコロナとでは、消費者の心理状態が大きく変わったと言われます。急激な変化の時期を過ごす中で、心理状態が変わり、結果として行動が変わる、ということを身をもって体験された方も多いと思います。

しかし考えてみれば、これまでもさんざん「現代は変化が激しくて予想もつかない時代だ」と言われてきました。

たとえば、今の10代、20代の消費行動を見ていると、それなりに高級なもの、お金がかかるものを買う前に、メルカリでその品物がいくらで売られているかをまずチェックしてから、買うかどうかを決めるという人が増えています。

また、検索は（グーグルではなく）インスタグラムやツイッターで、ユーチューブを観るときには1・5倍速が当たり前。自動車を持つことはカッコ悪い。……少し上の世代には想像もつかない消費行動でしょう。

世代間の違いだけではなく、人々の価値観も変化しています。

たとえば、断捨離でモノをできるだけ持たないようにする。お金をかけておいしいものを食べるだけでなく、痩せるためにお金をかけたり、お金をかけて太りにくい食品を食べる。……そんなふうに消費者心理や行動が変化するとは、誰が予測できたでしょうか。

もちろん、今回のコロナほどグローバルで大規模な変化は、そうそう起こることではないし、特異なことだと信じたいというのもわかります。

しかし、この10年を振り返れば、日本でも大地震や豪雨といった大災害が起こったり、海外でも「アラブの春」による中東情勢の大変化から、香港での急な国家安全維持法施行など、発生する数か月前には予想もつかなかった事態が、近年だけでも世界各地で何度も起こっています。

**つまり、「予想外・想定外」の出来事はほぼ毎年どこかで起こってきたし、いずれまた新たな変化が起こるだろうことは当然予想されます。**

その意味でいうと、本書が掲げる「アフターコロナで、マーケティングや経営はどう変わるか」というテーマは、その問いの立て方自体が、間違っているかもしれないということです。

さっそくこの論点について検討してみましょう。

論点1

# 「アフターコロナによって、マーケティングや経営がどう変わるのかを考えないといけない」

私たちの主張は、こうです。

「コロナ前後の変化を比べるのではなく、この変化をきっかけとして、常に起こりつづけているさまざまな社会変化、環境変化によって、何が大きく変化しているかをリアルタイムで考え、常に変化していかなければならない。だから、なんとなく今日は昨日の延長であり、明日は今日の延長であるという前提を立ててビジネスを行っていることそのものを問題視しなければならない。顧客の心理、行動の変化をリアルタイムで感じながら、戦略転換しつづけることが重要だ」

なぜそう考えるかを述べる前に、まずはビフォーコロナの状況を振り返ってみたいと思います。

消費税が10％に引き上げられた2019年10月から、日本ではすでに消費マインドが落ち込み、購買活動は停滞気味でした。そこで、多くの企業は、外国人観光客の増加に期待し、インバウンド需要ありきで予算や事業計画を立てていたはずです。オリンピックも控えた2020年という年を考えると、とても自然なことだと言えるでしょう。ところが、感染爆発の懸念により、オリンピックも延期となり、海外との往来そのものがストップしてしまいました。江戸時代以来の「鎖国」状態になってしまったのです。この環境の激変で、売上がまったく立たなくなって苦しんでいる企業は多いと思います。

ひるがえって、4〜5年前を考えてみてください。インバウンドなど一過性にすぎないから頼ってはいけない、やはり国内需要を押し上げなくてはならない、という論調が主流だったように記憶しています。それが、ごく短期間のうちに、当然のようにインバウンドを前提として事業計画を立てるように変化していたわけです。これは日々、目の前の仕事をこなしている分には連続的な変化に見えていたかもしれませんが、それぞれの時期での論調を切り取って比較すると、実はかなり大きな変化と言えます。

今回のコロナでは、いろいろな行動変化がコロナをきっかけに突然起こったように見えたかもしれません。**しかし、実は以前からずっと起こっていた変化が加速しただけ、**

**という考え方もできるのです。**

たとえば、リアルの店舗を展開してきたアパレル企業などは、閉店や倒産に追い込まれるなど、大変な苦戦をしていますが、もともとこの10年で若い人たちは店舗よりもEC（電子商取引）で服を買うようになっていましたし、そもそも服自体をあまり買わなくなった（レンタルなどを利用）という変化は、しばらく前から起こってきました。2000年代以降のスタートアップやテック企業の勃興も相まって、カジュアルな服装で仕事をするのが当たり前という企業が増えたことで、そもそも服に対するこだわりや支出が減少していた、という変化も起こっていました。

また、国土交通省が5年ごとに公表している「都市における人の動きとその変化」というデータを見ると、1987年の平日の外出率は86・3％、それが2015年には80％に減っています。1日の移動回数も1987年は2・63回でしたが、2015年は2・17回。**つまり、長期的なトレンドとして、日本人は外出や移動をあまりしなくなっていたのです。**

さらに今回のコロナをきっかけに、消費者の多くは、外出しなくてもそれなりに生きていけることがわかってしまいました。フードデリバリーを利用したり、近所のスーパーに3日に1回ぐらい行ったりすれば、買い出しは十分。ほかの人とのコミュニケーションも、Zoomなどのウェブ会議システムを使ってできてしまう。ひと昔だったら「引きこもり」と言われた生き方ですが、家の中だけでもそれなりに楽しく過ごせる。テクノロジーやサービスの進化とともに、外出や移動をしなくても生活が成立しやすい状況が整っていたのです。

こうした「外出しない生活」を体験した多くの人は、今回のコロナによって急に変化していたように見えるかもしれません。

しかし、既存のデータをきちんと時系列で見ていたならば、外出や移動がますます減少していく状況が、自社の経営にどんな影響を与えるかを考え、今後のビジネスをどうするか、自社の製品やサービスを買いつづけてもらうには何をすべきかと、コロナが来るずっと前から検討しておくことは可能でした。

**言い換えると、コロナ禍に関係なく顧客の変化は常に起こりつづけていて、私たち全員がその変化に対応しつづけていかなくてはならない、ということなのです。**今回の世界規模で起こっているコロナ禍によって、このマクロな変化が非連続的に起こっているように「見えている」にすぎないのです。

このことに気づくことのできる例を2つ挙げましょう。コロナ禍が進むなか、米国のスターバックスが多くの店舗を事前にスマホ注文をしてピックアップするタイプへ変更することを発表しましたが、実はピックアップ型のテストは数年前から行っていました。コロナ禍で場当たり的に実行したのではないのです。

一方で、マクドナルドが米国で店舗閉鎖を進めているとのニュースが出ましたが、これは、同社が2017年に発表した5つの戦略の4つ目と5つ目の実行であって、他の飲食やアパレルのようなパニック的な動きと同じではありません（4つ目は「デジタル」、5つ目は「デリバリー」で、どちらもイートイン、テイクアウト、ドライブスルー、デリバリーにかかわらずマクドナルドの価値を最大化することを狙いとしています）。早晩、収益を大きく向上させることでしょう。

**コロナ禍が示唆するのは、常に進行している変化が、なんらかのイベントが発生することで、一気に加速する可能性があるということです。**ビジネスで考えれば、「今後はこうなる」と1つの戦略やシナリオで固定することは重大なリスクであると言えます。

ではどうすればよいのでしょう。

顧客の心理や行動を変えていくと思われる社会変化を常に意識して、その変化に対してのシナリオを考えつづけるしかありません。複数のシナリオをつくっておき、何か起こったらすぐに動けるように準備をしておくしかないのです。

また、1つの事業や提供方法だけに集中するのではなく、ポートフォリオを組んで複数の対応がとれるように、あるいは、別の方向性に変化してしまっても柔軟に転換できる状態にしておく、ということが、どの企業にも求められています。

**顧客を起点にその変化やニーズをリアルタイムで捉えてマーケティングや経営を変化させていく必要があることは、いつの時代、どんな状況であっても、変わらないのです。**

## 論点1への回答

**コロナ後に目立った変化も、実はこれまでずっと起こっていた変化の延長線上にある。小さい変化であっても、昨日の延長線上にはない顧客心理と行動の変化をいち早く読み取り、変化に対応し、異なる戦略シナリオを検証しつづけよう。**

## この本のスタイルについて

この本の企画の出発点は、私たちがコンサルティング活動や講演などで、企業の経営陣、若手マーケター、起業家たちと交流しているときに、どうも皆さんが同じような点を悩んでいたり、誤解していたり、あるいは必ずしも正しくない選択をしているのではないかと、感じたことにありました。

どんな視点で顧客を捉え、マーケティングの施策を検討すればいいのか、私たちがこれまで多くの企業や事業で経験したり、考えたりしてきたことを紹介したいと思ったのです。そんな折にコロナが起こったため、そこでの出来事を織り込んだ内容にしようということになりました。

**ですが結局、コロナがあろうが、なかろうが、人間の本質は同じです。顧客の心理は日々変わります**。季節の変わり目、家族関係、友だち関係、生活環境の変化、仕事の関係、社会イベント、政治イベント、疫病など、認知できるすべての要因によって常に変わりつづけ、その結果、各市場に対する考え方や購買行動は変わっていきます。それをリアルタイムで捉え、適切な対応を取りつづけていくことに尽きます。**今日を昨日の延長で、そして明日を今日の延長で考えてしまうことのリスクがいかに大きいかを、私たち自身も再確認することになりました。**

ということで、この本のスタイルは、先述の例のように、誤解もしくは一義的に捉えすぎているのではないかと思う【論点】を挙げて、それに対する私たちの見解や事例などを紹介していきます。また、ところどころで【解説】を交えて、私たちが紹介したい考え方やフレームワークを説明しています。

なお、私たちはプロクター&ギャンブル（P&G）出身という共通点はあるものの、その後、15年以上、それぞれまったく異なる業種やブランドのマーケティングや経営に関わってきました。そのため、それぞれの【論点】について異なる見解もあるかと想像していたのですが、思いの外、意見が一致したのは新たな発見でした。唯一違いがあるかもしれないと思ったのが、ビジネスにおける「差別化」と「独自性」という言葉の定義であり、それについては本書の最後に、対談の形で紹介します。

本書が、**変化の時代にあっても変わらないもの**、そして**皆さんがビジネスを行ううえで本当に考えつづけるべき要素**を捉えるためのヒントになれば幸いです。

# 第1章 デジタル時代のマーケティングの誤解

# 第2章

# 顧客理解における誤解

第3章

# ブランディングの誤解

第4章

# プロモーションの誤解

第5章

# 戦略策定の誤解

第6章

# アフターコロナのマーケティングで何を考えるべきか

アフタートーク

## コロナ後にこそ、差別化ではなく独自化を目指そう

# 第 1 章

# デジタル時代のマーケティングの誤解

論点2

# 「デジタル時代にマスマーケティングは不要だ」

デジタルデバイスやデータを用いて、個々人に最適化した施策やコミュニケーションができるようになった今、以前のようにマスメディアを使って、一斉に大勢の顧客に同じことを訴求するマスマーケティングのやり方は時代遅れで、無駄が多すぎるからやめてしまえと考えている人が増えていると感じています。特にデジタルマーケティングをしている、デジタルネイティブの若い方々の中に多い。

１９８０年代、90年代、つまりウィンドウズが登場してインターネットが普及する前までは、地上波のテレビ、新聞、雑誌、ラジオの全盛期で、国民の誰もが、これらの情報ルートを使っていました。つまり、誰もがほぼ同じ情報を手にしていたことになり、この環境下では先述のマス媒体を使ったマーケティングはとても有効でした。

マス媒体を用いたマーケティングのよいところは、大勢の顧客に一気にリーチできることです。その人たちに伝達すべきことが1つでいいのであれば、現在においても、テレビは、短期間に多くの顧客にリーチできる唯一の方法と言えます。逆に手間がかかり、リーチが限定的なのが、それぞれの顧客に、その方だけにカスタマイズされたメッセージを、直接（ダイレクトに）伝えることである、というのも自明です。

マーケティングオートメーションのようなデジタル技術の発展により、自動的に「個々のお客様に違うメッセージを伝える」というマス・カスタマイゼーションも可能になりましたが、「できるだけたくさんのお客様にメッセージを伝える」という意味では、決して効果的ではないのです。

そして、多くの企業にとってマーケティングの最適解は、どちらかでなく、その間、もしくは組み合わせにあります。

以前とは違い、デジタル時代になって、誰もがスマートフォンを持ち歩くようになり、情報を伝達するルート（メディア）が極度に分散化されました。このため、顧客に新製品、新サービス、事業のメッセージを届けたり、宣伝をしようとしたりすると、1980年代、90年代までと比べて、格段に複雑で難しくなりました。世代間の差も大きく、また地方と都市部でもまったく状況や最適なメディア選択が異なります。

**ここから導かれるのは、マス媒体で、単一の訴求をするのは非効率ですが、一方で、すべてデジタルとしてしまうと多くの潜在顧客を逃してしまうということです。**

複数の顧客セグメントに、どういうメッセージを、どういうメディアで伝えるかという、かなり複雑な戦略、メディア、顧客、メッセージの組み合わせが必要になっているのです。

**論点2への回答**

**デジタルかマス媒体かが問題ではなく、顧客特性を考えずに、単一のメッセージ訴求でよしとする「マス思考」こそが問題である。**

論点3

# 「テレビなどの旧メディアはオワコンだ」

若者を中心に、世の中はスマートフォンからデジタルメディアにアクセスして情報を取得する時代だから、テレビなどの従来メディアはオワコン（終わったコンテンツ）だ、という論調をよく見かけます。

「テレビ広告に莫大なお金をかけるのは無駄だから、マーケティング予算を見直して、デジタル一辺倒で攻めたほうがいい」というような意見が、よく社内会議でも出てくるのではないでしょうか。

**消費者のデジタルメディアの利用が増えているのは事実ですが、だからといって、従来のメディアをオワコンだと切り捨ててしまうのは、まったくの間違いです。**しかも実際には、コロナをきっかけに、ここ数か月でとても興味深い現象が見られました。外出自粛やテレワークにより、在宅時間が大幅に増えた結果、デジタルメディアだけでなく、テレビの視聴率や広告リーチが大きく伸び、テレビのメディアとしての有効性が改めて証明されたのです。

オワコンだと軽視するのではなく、**誰にどのようなメッセージをどう届けたいかを考えながら、マスメディアとデジタルメディアを使い分けていくのが最良のやり方です。**その配分は、事業やカテゴリーでも異なりますし、同じ会社でも提供する製品・サービスや伝えたいメッセージ、またはターゲットにより、異なるかもしれません。

従来メディアをオワコンと切り捨てるのがなぜ問題なのかについて、ここからデータを示しながら紹介します。マーケターとして、ぜひ押さえておきたい事実です。

## ■世代を見るときは、パーセンテージではなく人口も見る

大手広告代理店が発表しているメディア習慣レポートを見ると、テレビとデジタルメディアの利用状況は世代別に大きな違いがあります。

図1は10〜60代まで世代別のメディア利用時間を比べたものですが、50代以上はテレビ、30〜40代でテレビとインターネットが拮抗し、30代以下はかなりデジタルメディアが優勢となっています。実は、15〜20年前はここまで明確に分かれていなかったのです

## 世代別 メディア利用時間（休日）

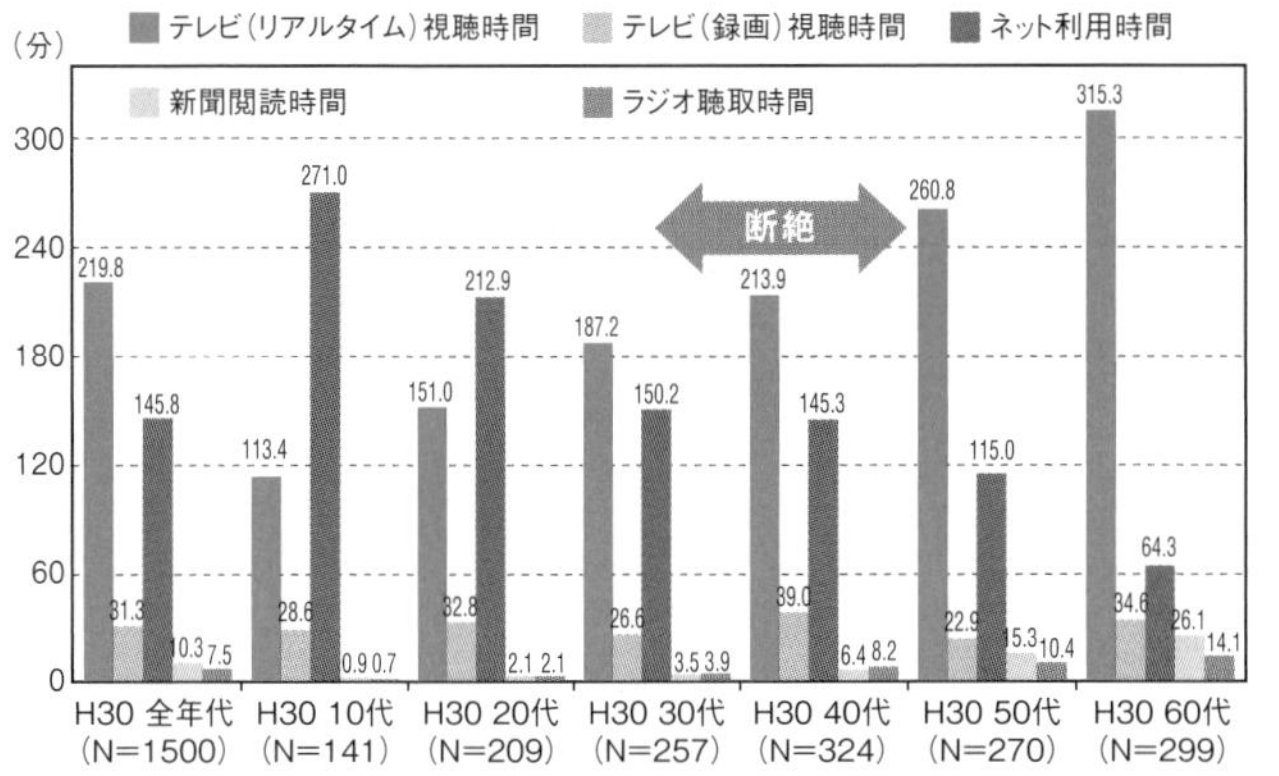


出典：「令和2年版 情報通信白書 第2部」369ページ 図表5-2-5-1より作成

が、現状は世代の差が非常に顕著になっています。

ここから読み取れるのは、旧メディアがオワコンかどうかは世代によって違っていて、いまだにデジタルだけではアクセスできない人が大勢いるということです。

もう1点、注意したいのが**世代人口**です。データを分析するときに、パーセンテージで見て10～20代の支持が高い、50～60代の反応はいまいちだといった議論になりやすいのですが、人口比で掛け算をすると、一見すると比率の低い50～60代のほうが若手世代よりもマーケットが大きかったりします。50代は同じ年に生まれた人が200

## 世代別の日本の人口

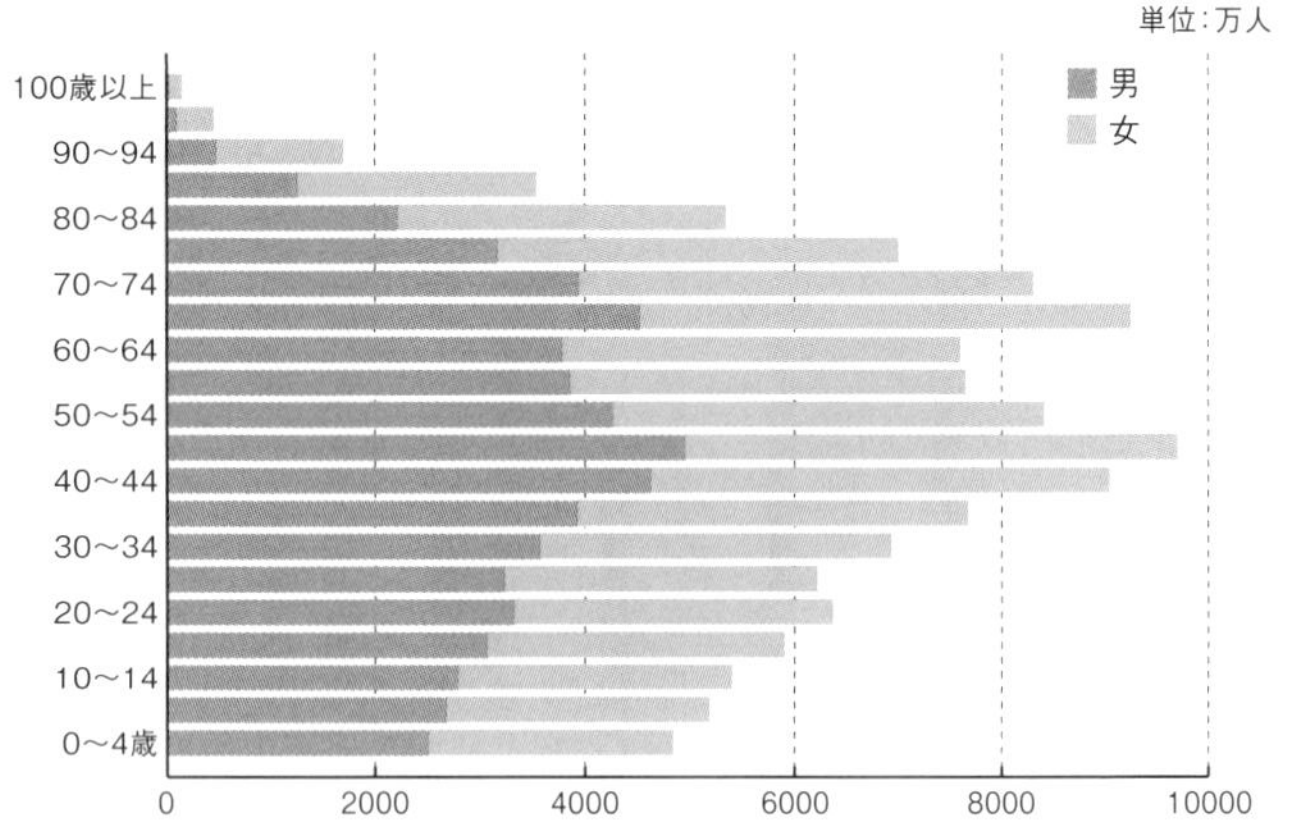

出典：総務省統計局発表の人口推計（令和2年10月20日公表）より作成

万人以上いますが、今の子どもたちは90万人程度です。50代以上と、10代、20代では、世代人口が1・5倍くらいも違うのです。

### テレビとデジタルメディアの訴求力はどう違うか？

デジタルとテレビでは、どちらをよく見るかという議論もよく行われます。そのときの隠れた前提は、デジタルとテレビの訴求力は同じであるというもの。

けれども、これまで実務上で行ってきた調査の結果からは、テレビCM視聴1日後の想起率は、悪くても10％程度、よければ80％程度ありました。一方で、デジタルメディア上での動画ＣＭやバナー、リスティングは、コンバージョン面での寄与はあっても、視認1日後の想起率は、非常に低く、多くの場合ゼロです。**一気に影響力を及ぼせるという点では、断然テレビに軍配が上がるのです。**

この事実の検証は、まだデータとしては不十分で、今後、検証が進んでいくと思いますが、デジタルマーケティングが「刈り取り向け」と言われる事実を裏付けています。

**メディアとの接触時の態度にも大きな差があります。**スマートフォンを使うとき、私たちは自分で見たいものを取捨選択します。膨大な情報にアクセスできるので、いらないものを捨てて、選び出すという積極的、意識的な行動をとります。だから、受動的に情報を受け取るテレビと違って、何となくメッセージが残る可能性は少ないと言えます。

こういった事実が背景にあるため、デジタルメディア上でのコミュニケーションでは強烈な印象や引っ掛かりが求められるのですが、それが強烈であればあるほど、製品やサービスに落とす（関連づける）のが難しくなる、という別の問題が出てきます。みんなが拡散したくなるような「バズる」動画広告は、そのコンテンツ自体が面白い、驚いた、不思議だ、衝撃的だといった感想になり、製品やサービスが提供する便益とは無関係なエンターテインメントの価値が強くなってしまいます。広告なのに、結局、商品の印象は残らない、という本末転倒の結果になってしまうのです。

このように、テレビとデジタルメディアは、顧客の視聴態度が異なる点も、考慮に入れておくことが大切です。

## ■視聴率の低下に惑わされず、時間あたりのカバレッジを考えるクセを

テレビは視聴率がどんどん下がって、かつてのように視聴率何十％という国民的番組は少なくなりました。とはいえ、視聴率５％でも何百万人の単位でリーチできます。しかも、15秒の広告を全国にいる何百万もの人に一瞬で届けられるのです。

一方、デジタルメディアは無数に細分化されています。ツイッターやフェイスブックなどのＳＮＳ（ソーシャルネットワーク・サービス）はユーザー数が多く、リーチ人数はテレビと変わらないとよく言われますが、それを見ている人はごく短時間、たまたま接触しただけ（視界に入ったかもしれない）、ということも多いのです。

たとえば、ツイッターなどで話題のニュースを見ようとすると、その人が興味を持ちそうなことに合わせてパーソナライゼーションが行われて表示されたりします。**パーソ**

**ナライゼーションによりコスト効率性が高いという特徴は、裏返すと、短時間で大人数にリーチできない、今、そのトピックに興味を持っている顧客以外には認知形成はしない、ということになります。**

メッセージを送りたい企業としては、デジタルメディアの数の多さも悩みの種となります。テレビは衛星放送などの普及によって番組数は格段に増えたとはいえ、テレビ受像機から流すものは何十番組から選べば事足ります。一方、ネット経由のデジタルメディアは無数にあり、人によって見ているメディアが完全にバラバラです。100万人にリーチする場合、複数のアドネットワークを作って、無数のメディアに、同じメッセージを何十回、何百回も出稿し、それを一定期間続けなくてはなりません。

## ■ネット広告はテレビ広告を抜いたのか?

世の中では、インターネット広告がテレビ広告を抜いたとよく言われます。ただ、ここにも誤解があります。

電通が毎年発表している媒体別広告費の内訳を20年、30年単位で見ていくと、実は落ち込みが厳しいのは、雑誌と新聞です。ラジオも多少落ちています。テレビは2000

## 日本の広告費

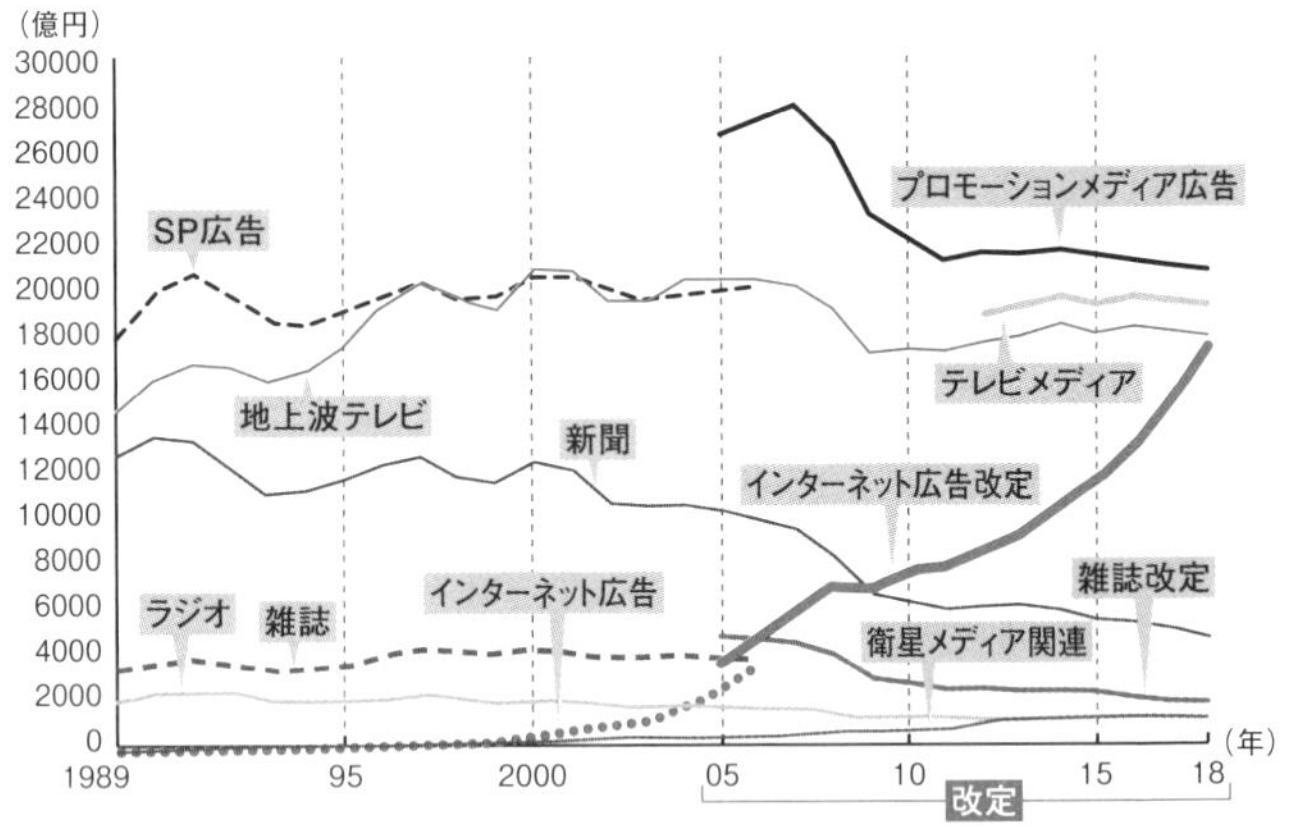


出典：電通「広告景気年表」より作成

年前後をピークに、ゆっくりと落ちていくものの、現状の広告費は１９９０年代とそれほど変わっていません。インターネットメディアだけが１９９０年代後半から異常に伸びています。

**したがって、インターネットメディアが非常に広がったという考え方は正しいのですが、テレビの影響力がそこまで低下したとは言えないのです。**

以上のデータからわかるように、デジタルとテレビはメディアとしてまったく別物です。だから、それぞれの効果を直接的に比較することにはもともと無理があります。

デジタルメディアは短時間でのカバレッ

ジ速度は遅いのですが、パーソナライゼーションやターゲティングが細かく設定できるため、顧客層ごとに合わせて複数の異なる広告を分けて配信することができます。また、個々の配信効果を計測できるので、費用対効果も管理・改善しやすいというよさがあります。

一方、テレビは大勢の人に一気にリーチしたいときには1人あたりにリーチするコストが最も安いメディアですが、ターゲティングが緩いので直接のコンバージョンへのコスト効率は悪いかもしれません。しかしながら、テレビ広告の認知形成とコンバージョンそれぞれへの費用対効果を計測する方法も、徐々に確立されてきています。

**それぞれの特性や費用対効果を考慮に入れて、目的に応じて使い分けたり、足りない部分を補完して相乗効果を出したりと、最適な組み合わせを考えることが大切です。**

**論点3への回答**

**テレビであろうとデジタルメディアであろうと、すべてのメディアにはそれぞれの特性があり、顧客起点ターゲットごとにリーチ効率も異なる。顧客ターゲット別に最適なメディアミックスを、マスとデジタルを俯瞰して考えるべきである。**

論点4

## 「デジタルマーケティングはデジタルのことがわかる人に任せておけばいい」

現在の日本企業の経営陣は、１９８０年代や90年代に現場の最前線でビジネスを成長させて、昇進を果たした方々が大半でしょう。組織や人材、外部パートナー、世界展開など、新しい状況を見ながら会社の重要事項に取り組まれているのに、残念ながらビジネスの感覚だけは、自分が現場で働いていた80年代、90年代のイメージを依然として持ったままの方が多いです。

そういう経営者と話していると、デジタル関係はホームページに情報を載せておけばいいだろう、というくらいに考えていることも少なくありません。

こうした経営陣がマーケティングや広告関連の予算の承認や最終決定権を持っていると、デジタルマーケティングの優先順位は、極端に下がります。若い世代向けにＳＮＳを用いてバズらせたり、ユーチューバーを用いたりするプランを練って提案しても、

「たいしてリーチできないね」と一刀両断。十分な予算を割いてもらえず、悔しい思いをしてきたデジタル世代の若手マーケターは多いのではないでしょうか。

とはいうものの、テレビCMの効果計測にも手をつけていないので、旧態依然のマスメディア中心のやり方ではマーケティング効率が落ちていきます。その結果、テレビはダメだから、デジタル強化としてあわててデジタル部門を拡充。2~3年やってデジタルマーケティングのKPI（重要業績評価指標）は向上したものの、売上や利益への貢献は小さなインパクトでしかないので、やはりテレビだと戻る企業もよく見かけます。

反対に、論点に挙げたように、デジタルのことはわからないからと担当者や代理店に丸投げして、経営陣がまったく関与しないケースもあります。デジタル部門の責任者はデジタルに傾注しているので、デジタル寄りの話ばかり。経営陣は自分の理解できるマスの部分だけに力を入れます。その結果、マスメディアとデジタルメディアに違う担当者が置かれ、それぞれの担当者がバラバラに動き、デジタルではバズらせようとし、テレビでは一方通行のメッセージを繰り返すというように、企業の中で活動が分断しているのが、一番もったいない状況です。

**ここで考えないといけないのが、「顧客から、どう見えているのか」です。**顧客からすれば、社内事情なんて自分には関係なく、デジタルもテレビも同じ会社がやっているとことです。顧客起点で考えると、いろいろなメディアを使って、一貫性のないメッセージが発信されているように見えているはずで、これは問題です。

1つの企業体として顧客に接するのですから、どの顧客にテレビでリーチして、補完メディアとしてデジタルを使うか、あるいは、テレビでリーチできない顧客層にはデジタルを使って、どんなメッセージを使うかを考え、マスとデジタルを包括的・統合的に考えたマーケティングを目指さないといけません。

## ■昭和世代と令和世代が生きる「パラレルワールド」

マスとデジタルを考えるとき、**今の時代は2つ（以上）の世界に分かれていて、いくつかの違うことが同時に起こっている「パラレルワールド」だと考えたほうがいい**、というのが私たちの持論です。

若い世代はデジタルの大きな影響を受けながら、平成や令和を生きてきました。いつでもスマートフォンで連絡がとれて、情報がとれる。紙の地図も、固定電話も、現金もいらない。そうした環境で価値観を形成してきました。

一方、50代以上でマーケティングの重責を担っている方は、多くの場合、実績を積んで成功体験を持っています。若かりし頃、現場でお客様の話を聞くなどして、時間を使っていたときのイメージが強く、昭和の世界観を持ちつづけています。それが悪いということではないのですが、若い世代からすれば、古臭いことばかり言っているように見えるのです。

このように、それぞれの持っている世界観、コミュニケーション環境がまったく違うのですが、ここで厄介なのが、同じ日本に住み、同じような顔で、同じ日本語を話し、同じようなものを食べているので、互いにそれほど違和感を持たないことです。お互いが、実はまったく違う世界に住んでいるということに気づかないせいで、職場では大きなすれ違いが生じます。

あるメディアが、数年前に「さよなら、おっさん」という広告を掲載して炎上しましたが、これは「年配世代はオワコンだ」と感じている若年層の思いを代弁したものだったと推測します。若手は先輩や年配世代に失望し、いくら言ってもわかってくれないと口を閉ざし、会社をやめていきます。もしくは、どうしようもないとあきらめて、（間違っていると思ったとしても）とにかく言われたことをやって、給料をもらって、安定した生活を選ぶ。その結果、本来最も大切にしなくてはならないはずの顧客から遠い（価値が薄い）仕事がますます増えてしまい、自分自身がどちらの世界にも軸を持てなくなっていきます。

年配者は年配者で、若者のことは全然わからんと距離を感じつつ、それはきっと一過性の流行の問題だろうと片づけてしまいがちです。**実際にはそれは、世代間の流行の違いどころではなく、「異なる国と文化で生まれ育った」くらいの違いがあります。**

たとえば、一度も行ったことのないケニアのマーケットに参入するから、成功するための戦略をつくれと言われたら、どんな判断をされるでしょうか。どんな人々がいて、どんなニーズを持ち、どんな暮らしをしているのかまったく想像もつかない状況では、戦略を立てようがありません。したがって、現地の優秀な人を採用しよう、現地に詳しい人に任せようと思うはずです。

それと同じくらい、まったく異なる環境で育ち、まったく異なる習慣を持ち、まったく異なる好みや嗜好、ニーズを形成してきたのが、昭和世代と平成・令和の世代です。にもかかわらず、見た目も似ていて、言語も同じなので、その差に気がつかないのです。

同じ会社の中で、それぞれの世代が互いの知見を活かせないのはもったいないことです。そもそもまったく違う国で生まれ育ったくらいの差異があると自己認識したほうが、もっと歩み寄れるし、互いの強みを生かせるはずです。

**論点4への回答**

**デジタルによって引き起こされている、これまでにないほど大きな世代間の差を客観的に認識すべきである。そのうえで、ターゲット顧客は誰なのか？ その顧客を一番知っているのは誰なのか？ その顧客にとって何が重要なのか？ こうしたことから考えていこう。**

論点5

# 「これからのマーケティング活動は、デジタルネイティブが圧倒的に有利だ」

デジタル化が進む現在、デジタルネイティブのマーケターが圧倒的に有利な世の中になっているかというと、一概にそうとも言いきれません。

たとえば、スタートアップでは20〜30代のデジタル世代のトップやマーケティング責任者がチームを引っ張っています。もともとデジタルに慣れ親しんでいるので、「自分たちが見えている世界がすべて」だと思っていることも少なくありません。そこで、既存のマスメディアはオワコンだと信じ、デジタル万能論で突き進んでいきます。ある程度まではそれでうまくいくこともあるのですが、さらなる成長を求めて、デジタルを使わない顧客層にもリーチを広げる必要が生じた瞬間に、想定していない課題に直面するのです。そんなときに、デジタルとひとくくりにして思い込みに支配されていると、その課題を乗り越えることができなくなります。

たとえば、10代はテレビを見ていないデジタル世代だとよく言われますが、総務省が発表している視聴質データを参照すると、60%以上がテレビも見ていることがわかります。**デジタルを活用している顧客はテレビは一切見ない、という二者択一の世界ではありません。**

さらに、デジタルと言っても、どこかに固定されてるパソコンを通じたウェブの世界なのか、持ち運びしているスマホを通じたアプリなのかでも、顧客層の行動や心理はまったく異なってきます。

## ■誰にでも公平なインターネットが格差を広げる?

インターネットはみんなに情報を公平に与えたとよく言われますが、現実は逆で、情報格差を促進している側面があります。

たとえば、デジタル決済は実際にそれほど難しいものではなく、交通系の電子マネーのスイカのように、慣れてしまえば小銭を出さなくて済むなど、便利に使えます。○○ペイで支払えば、ポイントがつき、割引キャンペーンも行われたりするので、実は現金で支払うよりずっと「お得」です。

ところが、みなさんもコンビニやスーパーで他のお客様を観察していればすぐわかると思いますが、いまだに多くの方が現金払いを続けています。みんな安く買いたいと、毎日スーパーのチラシを見ているような人でも、圧倒的に不利な（「お得」ではない）現金払いを続け、デジタル決済には踏み出せていないのです。そこには如何ともしがたい**「習慣の壁」**があります。

デジタルネイティブにとっては何でもないことでも、デジタル機器に触ったことのない年配世代には、非常に高いハードルのように感じられるのです。たとえば企業の経営陣の多くは、さすがにガラケーはもう卒業し、スマートフォンを持つようになっていますが、アプリは使いこなせず、買ったときのデフォルト設定のまま。新しいアプリを入れようものなら、すぐに課金されるのではないか、と身構えてしまうのです。

インターネットを使えば、速さ、安さ、利便性などの恩恵を享受できるはずなのに、情報に疎い人はそれを受けられずにいます。そして、インターネットが浸透すればするほど、その格差は開いていきます。

なお、デジタル決済は前年度の倍に増え、今後も普及していくはずですが、それでも使わない人は絶対に使わないでしょう。もちろん今後、若い世代が増えていけば、こうした状況は変わっていきますが、**まだしばらくは、そういう消費者も多くいることを前提にマーケティング活動を行う必要があります。**デジタルネイティブは、もしかしてこういう人が存在していること自体を理解できないかもしれませんし、そこに対する対策を考えるのが必ずしも得意ではないかもしれません。

**論点5への回答**

**「デジタル世代はテレビを見ない」「割引キャンペーンを行えばデジタルに乗り換えるはずだ」などと短絡的に考えていないか？　マーケターがデジタルネイティブかどうかよりも、〝消費者〟を画一的に捉えずに、1人1人の顧客心理に寄り添うことが重要だ。**

論点6

# 「リアルでは限界があるから、今後はネット主体にシフトすべき」

今回のコロナを契機に、人は外に出かけなくなると、買い物であれサービスであれ、消費行動の多くがインターネットに移行することが明らかになりました。通常の営業活動ができなくなったため、ネットで注文を受けてデリバリーするサービスを新たに始めた飲食店も多く見かけました。

ＥＣやネット購買と呼ばれるものは習慣的なもので、一度経験すると次回から利用に対する抵抗感は大きく下がります。したがって、ひとたびＥＣ利用率が上がれば、外出自粛の状況が解消されても、リアル店舗にすべて戻るわけではなく、ネット購買は今後もある程度は続いていくと考えられます。

その一方で、先ほどデータで見たように、現時点ではまったくデジタルを使わない人たちも多く存在します。アマゾンや楽天は誰もが使っているような印象があるかもしれませんが、2019年4月時点の利用者数はどちらも5000万人前後。全人口比では4割程度であり、意外と少ないのです。今後、世代が代わるにつれて、その浸透率は高まっていくにせよ、リアル店舗は間違いなく存続するし、リアル店舗でしかモノを買わない層も、間違いなく存在しつづけていきます。

## ■そもそも、EC部門は巨大市場なのか？

メディアの報道などを見聞きしていると、EC部門は今後躍進する期待の星であり、さも巨大産業であるかのような印象を受けます。さらに、デジタル系のベンチャーの人たちと話をしていると、デジタルの世界で完結し、それがすべてだと思っている節があります。

ところが、産業分類別の市場規模マップを見ると、まったく違った姿が見えてきます。日本ではいまだに一番大きな産業は自動車関連であり、B2CのECはまだ小さな産業の1つ、でしかありません（次ページの「B to C－EC」を参照）。しかも、ほとんどのビジネスがリアルに絡んでいるのです。

**ECを含むデジタル化はますます進んでいくのは確実ですが、今後数年で、ビジネス**

### 市場大規模マップ

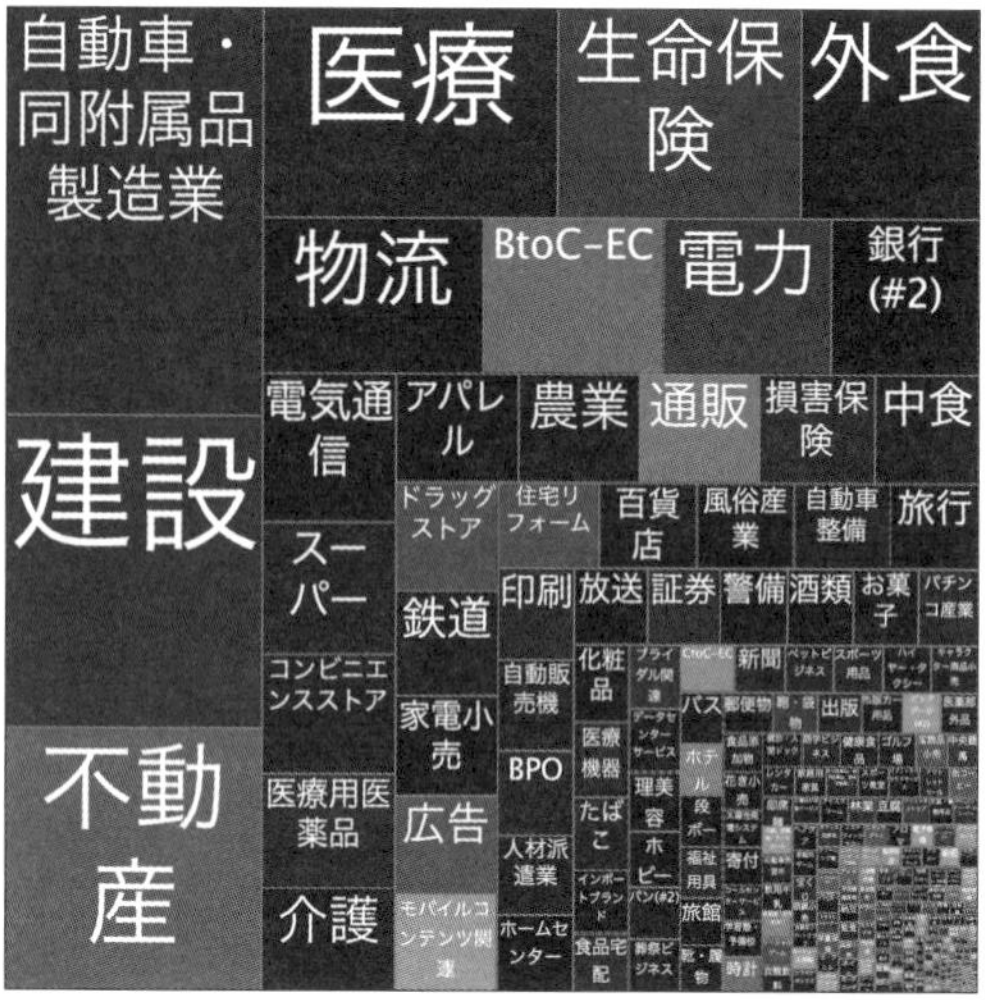


出典：ビジュアライジング・インフォ（https://visualizing.info/）

**がデジタルやECだけになることはありえません。**テスラの時価総額が自動車会社として世界一になったとしても、顧客の適応には長い時間がかかります。大きな変化の方向性だけでなく、その変化を長い時間軸で見たときの期待値と、突発的に変化が加速していく可能性を冷静に読み解く必要があります。

デジタル経済、デジタルでつくられたビジネスのGDP（国内総生産）がいくらかという議論はいろいろな国でされていますが、指標はまだ定まっていません。グーグルやアマゾンをデジタルとみれば比較的わかりやすいですが、デジタル技術を導入した場合の生産性をどう読むかの「仕分け」が難しいからです。

とはいえ、この分野で一番進んでいるとされる中国の発表によると、デジタルによる新しいGDPは1年前の時点で全体の3割程度ということです（数字の根拠は開示されていませんが）。言い換えると、デジタル化で世界の先端を行く中国でさえ、まだ7割がリアルのビジネスなのです。

今後はさらにデジタル化に進んでいくことは確かですが、デジタルで獲得できる市場やデジタルマーケティングだけで効果を出せる範囲はまだまだ小さい、というのも事実です。**マーケティング戦略を立てるときには、周囲の話を聞いて、デジタルに過剰反応するのではなく、ファクトベースで考えることが重要です。**

ところで、経済産業省や国土交通省などのサイトを見れば、優秀な方々がさまざまな分析を行い、詳細なレポートを発表しています。それを見るだけでもいろいろな示唆が得られるうえ、加工しやすい形でデータが入手できるので、自分なりに分析することも可能です。せっかく税金を払っているのですから、こうしたデータを利用しない手はありません。

### 論点6への回答

アマゾンや楽天ですら浸透率は日本の全人口の4割程度。デジタルの市場規模はまだまだ小さい。デジタルの伸び代は巨大だと単純に結論づけず、デジタル化できない部分の可能性や、リアルで残る部分は何かも考えたうえで、短期、中長期の戦略を構築したい。

解説

# マス思考と平均化の罠

【論点2】でも触れましたが、**ビジネス戦略を考えるときに絶対に避けたいのが、顧客は1種類だと無意識に想定してしまう「マス思考」です。**これは、最大公約数的に平均化した実在しない顧客像を前提に、いきなり広告内容やメディア展開などの手段や手法（＝HOW）の検討をすることです。この点は、私たち自身がさんざん失敗してきた経験からも、マーケターの方々に特にアドバイスしたいポイントです。

たとえば、私たちが誰かにプレゼントをするとき、相手に確実に喜んでもらえると自信が持てるプレゼントを選べるのは、自分がよく知っている1人だけのときでしょう。それが、会社の同僚10人にプレゼントを選ぶとなった瞬間に怪しくなってきます。10人の多くに共通するのは、世田谷区に住む世帯年収800万円以上の30〜40代の主婦で子どもがいる、とわかったとしても、全員が喜ぶようなプレゼントを選ぶことは非常に難しいでしょう。ところが、現実のマーケティング活動では、そのくらい大雑把な粒度でしか顧客を把握していないのです。

実際にデータベースを使って、コアユーザーを抽出してくださいというと、30～40代、年収が高めの女性、仕事をしている人が多く、30%が専業主婦で、学歴は4大卒が多い、住んでいる地域は○○線の沿線が多め、といった分析結果が報告されるはずです。しかし、**これは現実にはどこにもいない、平均化された空想の顧客像にすぎません**。そうしたユーザーに対して、マーケティング施策をつくったところで、実は誰にも響かない確率が高いのです。さらにいうと、「○○線の沿線が多め」の「多め」に含まれなかったコアユーザーは検討から除外していいのかも気になります。

**最終的に何らかの絞り込みをするとしても、最初から最大公約数を求めてはいけません**。一口に重要な顧客と言っても、いろいろなタイプの人が含まれているので、1人1人の顧客を見ていく必要があります。そのあとで、いくつかのグループの共通項（ニーズやインサイト）、メディア習慣、生活習慣が見えてきて初めて、適切な訴求内容や訴求方法を選択することができます。

論点7

# 「ビッグデータを持てば、最適なマーケティングが可能になる」

技術進化により、大量のデータを集め、分析できる環境が整ってきている今、「データ活用やAI（人工知能）の巧拙が、企業にとって死活問題だ」であるとか、あるいは「GAFAM（グーグル、アップル、フェイスブック、アマゾン、マイクロソフト）など、ビッグデータを持つプラットフォーマーが圧倒的に有利だ」といった脅威論がよく聞かれます。

その一方で、大量の購買データを取得、分析し、何らかの手を打ってコミュニケーションを行ってビジネスが伸びた会社、あるいは、データサイエンティストのデータ分析結果をもとに施策を打ったから、大きく伸びたという会社、さらにそれらの分析・施策で継続して全社的に影響があるくらいの実績をあげている会社は、実際にどれだけあるのでしょうか。

たとえばTポイントは、すかいらーくではユーザーの約6割、ファミリーマートでも約4割のユーザーが利用していたと言われていましたから、かなりのデータが溜まっています。Tポイントは、分析の専門部隊を置いて、データ分析を行い、データに基づいて施策を打ってきたはずです。しかし、そのおかげで、すかいらーくやファミリーマートのビジネスが飛躍的に伸びつづけているという話は聞いたことがありません。

なぜかというと、個々のユーザーが、すかいらーくやファミリーマートなどの単店で使う額が、そのユーザーが使う全体の額からすると知れている（ほんの僅かでしかない）からです。**人の行動がつかめるくらい大量のデータがとれるなら話は別ですが、ある瞬間、そこにいるときのデータしか把握できないとすれば、それを使って何か施策を打ったとしても、必ずしも有効ではありません。**

確かにグーグルやアマゾンは大量のデータを保有していますが、あらゆる接点を網羅しているわけでも、必ずしも個人を特定できるデータでもありません。したがって、GAFAM脅威論をいたずらに気にする必要はないと考えます。

## ■改善ではなく、イノベーションが大事

とはいえ、もちろんデータは役に立ちます。コロナのときにも、どこに人が集まっていたか、どのような検索をしているかなど、データを通じてずいぶん状況が見えたので、とても意味はあると思います。

実際に、ＡＩやビッグデータを使って、顧客の行動データを分析し、最適化した打ち手を用いれば、改善には役立つでしょう。最適化スピードが速ければ速いほど、急速にビジネスは伸張するので、特にネット系ビジネスではぜひとも活用したほうがいいのは事実です。

ただし問題は、それだけでは勝てない、ということです。

たとえば、マーケティング・オートメーションのシステムを導入している企業と、導入していない企業を比べれば、前者のほうが営業やマーケティングの効率が上がるかもしれません。その一方で、マーケティング・オートメーションのシステムそのものは、業界が違っても会社が違ってもすべて同じロジックで動いているので、その業界の全部の会社がマーケティング・オートメーションを採用してしまえば、大きな差別化にはなりません。**少しずつ改善していくだけでは、圧倒的に抜きんでる（勝てる）施策にはつながらないのです。**

施策のコスト効率を高めているだけでは、すぐに頭打ちになります。**いくらデータを分析しても、潜在的な未来の顧客層や、その層に提供すべき独自性のある便益の可能性は見えてこないからです。**それどころか、データドリブンに傾注しすぎると、未来の顧客戦略を念頭に置かずに、短期での投資効果を高める方向に進んでしまいます。

単に大量のデータを集めるよりも、顧客の行動を左右している深層心理を理解したほうが、よほど役立ちます。現在の打ち手が誰に有効なのか、なぜ効果があるのかがわかれば、次の一手を考えやすくなります。また、現在の打ち手が有効ではない顧客など、問題点を理解できれば、取り逃がしている潜在顧客層を把握し、どんな働きかけをすればいいかがわかってきます。新しいことを生み出すためにデータを活用する、という意識でいる必要があります。

**論点7への回答**

**たとえどれだけデータを持っていようと、それだけで最適な打ち手につながることはない。データを使って自動化する施策効率の改善は大切だが、それでは「勝つ」ことはできない。そのデータの裏側にある顧客の深層心理を洞察し、最適化を超える新提案を考えよう。**

第 2 章

# 顧客理解における誤解

論点8

## 「顧客の声を聞いて既存製品の改良や新製品の開発をすれば、売れるものができる」

顧客の声を聞いて、ニーズをくみ取り、それに応える提案をするのがマーケティングの基本です。したがって、顧客の声を聞くのは当たり前なのですが、そこにはプラスとマイナスの側面があります。

たとえば、ヤマト運輸やアスクルのようにオペレーション中心の会社の場合、顧客の声を聞いて、どんどん改善していくことが競争優位につながります。ただし、その改善の内容が他社が追いつけないようなものでなければ、すぐ競合にも真似をされ、差別化にはつながりません。

古今東西、顧客の声を聞いて開発した新製品やサービスが失敗した例は山ほどあります。古くは1985年に米国のコカ・コーラが出した「ニュー・コーク」。マーケティングのパイオニアでもあるコカ・コーラが、入念に大規模な消費者調査を重ねてから、満を持してコカ・コーラの味の変更を決定し、競合品のペプシを超える評価があった味の新製品を投入したのですが、既存のコカ・コーラの愛飲者から苦情が殺到し、すぐに元に戻すという大失態を演じたのです。

直近でいうと、日本マクドナルドが「健康的な製品が欲しい」「野菜が欲しい」という顧客の声に応えて満を持して開発した「(野菜がたくさん入った) フレッシュマック」や「(低カロリーの) ベジタブル・チキンバーガー」は、まったく売れませんでした。要するに、顧客が口にすることは常に正しいとは限らないのです。

このような事態が起こるのはなぜでしょうか? たとえばマクドナルドの事例なら、近年は健康意識の高まりを受けて、健康によい食品を求めるニーズは確実に増えてきているので、消費者調査をすれば当然、そうした要望は出てきます。しかし問題は、外食をしよう、しかも野菜などの健康なものを食べようというときに、顧客にはマクドナルド以外にも選択肢が多数存在することです。そのような状況の中で、「健康」というキーワードで括られるような商品で、本当にマクドナルドが強みを発揮できるのかを考えないといけないのです。

**顧客は目の前にある、わかっていることしか口にしませんし、見たことのないものに**

**は反応できません。**今ではiPhoneを愛用している人でも、発売当時に「電話にiPodの音楽再生機能や、コンピューターをつけたら、どう思いますか」と聞いたら、多くの人が「わからない」と答えたはずです。実際に当時の業界関係者のiPhoneに対する評価を見ても非常に辛口で、従来の電話の概念を変える新しい提案だと認めつつも、「失敗に終わるだろう」と断言していました。

これまでの経験から言えるのは、**顧客の言うことをただ愚直に聞いて対応するだけでは、新しいものは生み出せないということです。**顧客自身が気づいてない、言語化できない潜在的な不満やニーズ、深層心理の声を探り、そこから具体的な製品やサービスにつながるアイデア、独自性のある便益を考えていったほうが、イノベーションにつながります。

**論点8への回答**

**顧客の声を聞く、というのは無条件によい結果をもたらすものではない。顧客が声にすることができるのは、これまでに経験したことや見たことがあるものであって、まったく新しい製品やサービスに関しては実際に見て体験するまで判断できないからだ。**

論点9

# 「消費者調査は大いなる無駄である」

マーケティング部門では、大規模な量的調査でトレンドを探ったり、消費者パネルを使って深い話を聞いたり、さまざまな調査を行うことが基本中の基本。調査をして分析結果が添付されてないマーケティング企画書など言語道断だと上司に言われる。けれども、いくら調査しても全然成功しないし、やるだけ無駄ではないかと内心で感じている――そんな人も多いのではないでしょうか。

世の中の調査の多くは、表面的なニーズやインサイトを軸に設計されていて、得られる分析結果も表面的で通り一遍の結果しか出てきません。調査報告を聞いても、「なるほどね」「やはりそうか」といった感想を持つか、すでに知っていることを再確認するだけ、ということが大半です。

このため、自分自身が欲しいもの、使いたいものを考え出して成功した経験を持つ創業経営者などはよく、【論点8】とはまったく逆の「顧客の声など聞くな」「調査などいらない」と言うことがあります。

しかし、この言葉を真に受けて、自分の感覚や思い込みで突っ走れば、成功するかというと、そこまで単純でもありません。

顧客の声を聞かないことで有名な人物といえば、スティーブ・ジョブズでしょう。自分が欲しい商品をつくって大成功を収めたジョブズですが、一方で、まったく売れなかった商品もたくさん生み出しています。２０００年夏の「MACWORLD Expo」で、スティーブ・ジョブズが世に送り出した、ジョブズの美意識を凝縮したような「Power Mac G4 Cube」などは、驚くほど売れませんでした。売れていないので、ジョブズのこういう逸話は逆に知られていないかもしれません。

**ほとんどの場合、社内の人間だけで「これはうける」と考えていることは、顧客が思っていることと乖離しています。**

たとえば、ある流通系の企業で10~20代女性向け食品のＰＢ（プライベートブランド）の企画会議に参加した際、その場でネーミングやパッケージの決定をしようとしていたのは50代、60代の男性社員ばかりでした。それでターゲット顧客に響くようなネーミングやパッケージが決定されるとは、到底考えられません。このように、誰よりも経験があるはずの社長や熟練マーケターが、「これは絶対うまくいく」と自信を持って出してきた案が、消費者調査をすると、最下位に近かったということはよく聞く話です。

もう1つ例を挙げると、「ポケモンGO」というゲームアプリが発売される前に、ベータ版をゲーム好きなユーザーに遊んでもらって意見を聞いたところ、「あんなものはゲームと言えない。ただポケモンを捕まえているだけではないか」といった冷ややかな反応が返ってきました。ゲームが好きでやり込んでいる人ほど、ゲームとしての物足りなさを感じたわけです。ところが、ご存じの通り、「ポケモンGO」は世界的な大ヒットとなり、リリースから数年たった現在でもゲームのランキングの上位にいます。ゲーム好きが熱中するような複雑なゲームではなかったからこそ、ゲームをあまりやらないようなライト・ユーザーも楽しむことができ、大ヒットとなったのです。

**結論としては、成功確率を上げるために、適切なやり方で顧客の声を聞いたほうがいいのは、間違いありません。そのステップを省けば、自分たちの「思い込み」だけで突き進み、時には高い代償を払うことになります。**

ただし、質的調査が必要だからと、わざわざお金をかけてフォーカスグループを使う必要はありません。**私たちが勧めるのは、自分の周りの人を9つのセグメントに分類しておおまかな傾向をつかむ手法です**（80ページ参照）。ある製品やサービスを知っているか、使っているか、使いたいと思うかという簡単な質問をするだけで、その人が9セグメントのどこに該当するかがわかります。そのセグメントの人に何が響くか、どうすれば買いたいと思うかをその場ですぐにヒアリングできるため、仮説づくりのヒントは十分に得ることができます。

## ■残念な調査設計、残念な調査結果の使い方

ある会社で実施されている調査を見ていたときのことですが、調査をする事業部や製品によって、調査対象が15〜60歳だったり、20〜70代だったり、またはそのカテゴリーを使用している人しか調査していない、というように毎回バラバラ、ということがありました。これでは、過去の調査結果と比較したり、事業部を越えてベンチマークを設定する、などができません。1回の調査でわかることは限られているので、複数回の調査を行うなら、事業部を越えてベース（調査対象）や調査手法を揃えておくと結果を比較できるようになります。トレンドを見るために、経年でデータをとって定点観測できる

ようにしておくことも大切です。

　最近は、デザイン思考が流行っているためか、質的調査で数人の話を聞いて深堀りするアプローチが多く用いられています。そのこと自体は悪くないのですが、そこで本当に有効な話を聞けるのかについては疑問が残ります。というのは、（普通の人は仕事をしているかもしれない）昼間に、お金を払って来てもらった数人が、自分が観察されていることをわかった状態で、これがいい、悪いと話すわけです。それをまとめた調査結果を鵜呑みにすれば、現実とはかけ離れた答えを導き出してしまう恐れがあります。

　ユーザーへのアンケート調査も、注意が必要です。アンケートに答えるのは、どうしてもクレームが言いたい人と、その製品やサービスがすごく好きな人です。アンケートで、よいコメントがあるのは当たり前で、それがすべてだと思ってはいけません。そもそも多くの人はアンケートに答えないし、答えてもらったアンケートの結果にはバイアスがかかっている、という前提で見ていく必要があります。

　ほかにも調査データの間違った使い方として、「8人中6人が支持した機能だから、うまくいくはずです」という例もよく見かけます。これは統計的には何の意味もありません。そもそもそこにいる8人がターゲット層を十分に代表しているわけではありませんし、そのうち6人がよいと言ったからといって成功する保証にはならないのです。

パッケージのA案が70点で、B案が60点だったので、70点のA案を選びましたというのも間違いです。もしかすると、60点と70点は統計的に有意な差がないかもしれません。その場合、70点だからといってすごく優れているとは限りません。

**効果的な調査実行のためには、定量的な判断をする統計知識と定性的に心理状態やインサイトを深く読み解く能力の両方が必要です。**実行部隊のマーケティング人材とは別に、このような顧客とマーケットの調査専門担当を社内育成することは継続的な成長のためには非常に重要です。大手外資系は、マーケティング本部内に、こうした専門家を確保しています。多くの日本企業にとっては、マーケティングの実行以前に、この「きちんと数字を見る」能力が必要だと考えます。

**論点9への回答**

**消費者の声を軽んじていては、ターゲット顧客に刺さる製品やサービスを生み出すことはできない。ただし、マーケティング効果を高めるには、単に消費者調査をやればいいというものではなく、「きちんと数字を見る能力」が必要だ。**

論点10

# 「カスタマージャーニーを描けば、いい打ち手が見つかる」

顧客の行動や心理を理解するための手法として、最近ではカスタマージャーニー分析もよく用いられています。これはある顧客の考えていること、思っていること、行動などを、購買前から事後に至るまで時系列で整理し、それぞれにタッチポイント（接点）で有効な施策を考えようというもの。顧客視点に立って、どこでどのような打ち手がとれるかを検討する際に役立ちます。

ところが、そこには落とし穴があります。まず、カスタマージャーニー自体が想像の産物で、企業側が「そうあってほしいと願う」顧客像でしかない、もしくは、最大公約数的に平均化された、本当は存在しない妄想上のジャーニーであるというパターンです。**どこにも存在しない顧客像やその顧客のジャーニーを想定しても、有効な打ち手など考えられるはずがありません。**

カスタマージャーニーは個々人によってかなり違ってきます。店頭で見たらいきなり買う人もいれば、100回見ても買わない人もいます。手厚いアフターサービスを高く評価する人もいれば、そんなものは不要だと思っている人もいます。

さらにいうと、タッチポイントを整理して施策を打つ場所が特定できたとしても、何を（WHAT）、どう実行すればいいか（HOW）には直結しません。

では、どうすればいいのでしょうか。**ここでも、顧客を平均化して、1つにまとめるマス思考を避けることが重要です。**自社を高く評価してくれているロイヤル顧客が100人いるとしたならば、そのカスタマージャーニーは100通りあります。それぞれに認知のきっかけ、認知の方法やメディア、試用のきっかけ、購買に至るジャーニーがあるのです。

分析するのであれば、1つのカスタマージャーニーを描いて「これだ」と決め打ちするのではなく、1人1人、個別のカスタマージャーニーを紐解かなくてはなりません。それを10人、20人と愚直に繰り返す中で、結果として、共通項、共通のインサイト、メディア習慣、生活習慣が見えてくるようになります。そのうえで、誰に（WHO）、どんな独自性や便益を（WHAT）、どのようなやり方で（HOW）提供すればいいかを決めていけば、マーケティング施策（ＨＯＷ）の精度と成功確率は格段に上がっていきます。

**論点10への回答**

**カスタマージャーニーは実在する顧客1人1人に個別作成し、数十人繰り返した結果から、見えてくる共通項に着目して打ち手を考えていくべきだ。想像上のカスタマージャーニーをいきなりつくってはいけない。**

解説

# WHO、WHAT、HOWをどの順で議論すべきか

マーケティングという言葉は多用されますが、その定義や理解は非常にバラバラであり、日本だけでなく世界的に一定ではありません。

できあがった商品を売るための手段手法（HOW）としてのマーケティングもあれば、ドラッカーが定義する「顧客創造」としてのマーケティング、つまり、特定の顧客（WHO）が価値を感じるプロダクトやサービス（WHAT）の開発と組み合わせの洞察から、その実現方法（HOW）を導き、継続的にビジネスを構築する広義のマーケティングもあります。ドラッカーの著書では、マーケティングは営業を不要にするとも定義されています。

スティーブ・ジョブズや、古くはホンダの本田宗一郎さん、ソニーの井深大さんや盛田昭夫さんは、後者を実践されたと言えるのではないかと思います。

どちらが正しいかを論じるつもりはありませんが、いろいろな企業でコンサルティングやアドバイザーをしていて感じるのは、マーケティングは販促活動（HOW）だと位

置づけている経営者やCMO（最高マーケティング責任者）が多いことです。製品やサービス、ターゲット顧客や営業体制が固まってから、最後に、売る手段としてのマーケティングを考えればいいと思ってしまうのです。これは経営者だけではなく、マーケティングを担当している人たちでさえ、そう思ってしまっている方が多いです。

**しかしながら、コロナの影響で顧客の心理状況が変化している可能性が高い今、一番考えなくてはならないのが、これまでのWHOとWHATの組み合わせ（＝顧客戦略）をどうするのか、です。**

今後も維持していきたい顧客は誰か、今後獲得したい顧客は誰か。その人たちに今の製品やサービスの提案内容や便益は合っているのか。

WHOとWHATの組み合わせを変えるのか、変えないのか。

また、組み合わせはいくつあり、それぞれのビジネスの規模感はどのくらいかなど、考えるべきことはたくさんあります。

たとえば、コロナ禍で店舗で購買しなくなったアパレルの顧客（WHO）に対して、提供すべき価値（WHAT）は何なのか？　それはすべての顧客にとって同じなのか？　それでも店舗で成立するWHOとWHATの組み合わせもあるのではないだろうか？

そのあたりが見えたうえで、たとえばＥＣという手段（ＨＯＷ）が正しいのかどうか、判断できるようになるはずです。

ＷＨＯとＷＨＡＴの組み合わせを定義しない限り、いくら打ち手（ＨＯＷ）の議論をしても無駄になってしまうのです。

論点11

# 「優れた製品やサービスを提供すれば、自然に売れるようになる」

たくさんある製品やサービスの中からお気に入りが見つかると、積極的にSNSなどを通じて情報発信する消費者が増えています。だから、クオリティの高い製品やよいサービスをつくりつづけていれば、きっと誰かが気づいて評判を広めてくれて、製品やサービスが売れはじめる。作り手としては、そんな願望を抱きたくもなります。

しかし現実は、モノはよくても、まったく知られずに伝わらずに消えていった製品やサービスは数えきれないほどあります。**たとえよくても、知られなければ、存在していないのと同じです。だから、伝える努力を怠ってはいけません。**

食品業界でコンサルティング活動をしていると、「新しい味の○○をつくりました。おいしくなったから、絶対に売れると思います」というような説明をよく聞きます。確かに、おいしいとしても、ただ「おいしい○○ができました」だけでは誰も買ってくれません。そこで、顧客の心に響くポイントはどこかと突っ込むと、担当者はぐっと答えに詰まるのです。

従来品や類似品と何が違うのか、どこに独自の価値があるのか、それをいかに顧客に伝えてわかってもらうのかということを考えながら、モノやサービスをつくらないと、いくら差別化された素晴らしい特徴があったとしても、顧客には響きません。

顧客が何か新しい製品やサービスを買うということは、他の製品やサービスと代替するか、その製品やサービスのために、新たに時間とお金を割り当てるということです。それに値する価値＝便益を認知してもらえなければ、顧客は動きません。作り手としてよい製品やサービスをつくるのは当然で、具体的な特定の顧客に、独自性のある価値＝便益を伝えて認知してもらえるようにすることが出発点なのです。

**論点11への回答**

**よいものをつくれば売れるというのは、幻想である。その製品やサービスが、具体的な顧客起点ターゲット（WHO）に対して、どんな独自性のある便益（WHAT）を提供できるかを洞察して、それを認知してもらうことが重要である。**

解説

# 人間心理の本質を理解する

消費者調査でこの結果が出てきたので重要です、やりましょうとなり、実施に多額のお金を投じたけれど、あまり売れなかったというケースをよく見かけます。これは、消費者調査が役に立たないというのではなく、調査の設計に問題があった場合がほとんどです。人間の特性を踏まえた質問項目を使って設計すれば、調査で傾向値やヒントをつかむことができます。

人間は自分の行為を正当化するように意識が働きます。たとえば、大脳生理学の実験で、泣くという感情をつかさどる脳の部位に電気刺激を与えると、実際に涙が出てきます。その後、被験者になぜ泣いたのかと聞くと、面白いことに、あれこれ理由が挙がってきます。実際には、特段の理由はなく、電気刺激を与えたからなのですが、**人間は自分の行為や起こってしまったことに「理由づけ」をしたくなるのです**。

恋愛や結婚など、人を好きになる行為もそれに近いところがあります。付き合って結婚すると、いつの間にかその人のよいところが見えてきたりします。それは、純粋に長所がわかっただけでなく、自分の結婚という行為を正当化する意識が働いているのかもしれません。また、つらい環境でも、人間が生きていけるのは、その環境に理由づけして、納得し消化させる力が脳の中にあるからです。

**結局、製品やサービスが売れるのは、買う人にとって具体的便益があるかどうか、そしてその便益に他の代替物や競合が提供できない独自性があるか、という2つの要素からでしかありません。**しかし、消費者調査で顧客に買いつづける理由、買う理由を聞けば、後付けの答えが返ってきます。話した本人は嘘をついているつもりはなく、本心からそう思っている、もしくは、本当は何も意識せず買ったものにまったく違う解釈を付け加えているのです。

調査設計の正確さを追求しつつも、調査で出てくる顧客の声には、そういった側面も多分にあることを、マーケターとしては理解しておく必要があります。

論点12

# 「ロイヤル顧客の要望に応えることが、いいマーケティング活動だ」

うちの会社、うちが提供している製品やサービスを愛してくれるロイヤル顧客が一番大切であり、その要望を最も尊重しなくてはならない、ロイヤル顧客を離脱させてはならないと、懸命に取り組んでいる企業も多いと思います。

それは半分当たっていて、半分間違っています。もちろんロイヤル顧客は大切ですが、ロイヤル顧客だけを見てマーケティング活動をしていると、数年は伸びても、その後は一定割合で離脱者が出てきて、いずれは頭打ちになります。

ある釣り具屋さんの話を紹介しましょう。そのお店は、こだわりの品ぞろえで、常連客には非常に高く評価されているけれども、新規顧客が取り込めないという悩みを抱えていました。

実際に店に行ってみると、入った瞬間から、素人にはよくわからない超マニアックな製品が目に飛び込んできました。説明をしなくてもわかる常連客には、欲しいものが手に入る天国のような店なのでしょう。ですが、新参者はお断りといわんばかりのメッセージを発信しているようにも見えました。

そこで入口付近に「これを買ったらアジが釣れるセット」や「これだけで……」と、シンプルでわかりやすくした製品を並べてみたのです。すると、たったそれだけで、新しい顧客が買っていくようになったのです。笑い話のようですが、**常連客だけを見すぎてしまうと、新規顧客との適切な接点が持てなかったり、発信するメッセージが常連向きすぎて新規顧客には響かない内容になっていたりして、新しい関係性を築けないのです。**だいたい、その製品やサービスの作り手は、誰よりも製品やサービスのことを理解しているので、一生懸命ロイヤル顧客に尽くせば尽くすほど、新規顧客の気持ちや現実から離れていくのです。

ロイヤル顧客を大切にしながら、同時に、それ以外の顧客に働きかけることは必ずしも便益に背反することではありません。1つのセグメントに絞り込むのではなく、複数のセグメントそれぞれに、適したアプローチをしていく必要があります。

**論点12への回答**

ロイヤル顧客にばかり意識を割きすぎて、新規顧客を拒んでいないか？　または、気づかないうちに、新規顧客の気持ちや視線から離れていないか？　セグメントごとに適切なアプローチを取ることで、常に新しい顧客に働きかけよう。

# 9セグマップで顧客の解像度を高める

**「9セグマップ（9 segs map）」とは、どのような顧客がどれだけいるのか、という顧客のセグメントを把握するためのツールです。**最終的に9つのセグメントに分けるので、「9セグマップ」と読んでいます。

9セグマップは、2軸で構成されています。横軸は認知や購買実態により、ロイヤル（高頻度・高額購買）顧客、一般顧客、離反顧客、認知・未購買顧客、未認知顧客の5つに区分します。縦軸は次回購買意向があるか、ないかを見ていきます。

この各セグメントについて、アンケート調査から導き出した割合を人口推計に掛け合わせることで推定人数を算出できます。ほとんどのブランドや商品にとって、人数が多いのは6（消極／離反顧客）、8（消極／認知・未購買顧客）、9（未認知顧客）です。6はブランドやサービスを知っているのに使う意向がないので、1（積極／ロイヤル顧客）や3（積極／一般顧客）と同じことを言っても響かず、別の訴求を検討しなくてはなりません。

## 9セグマップ

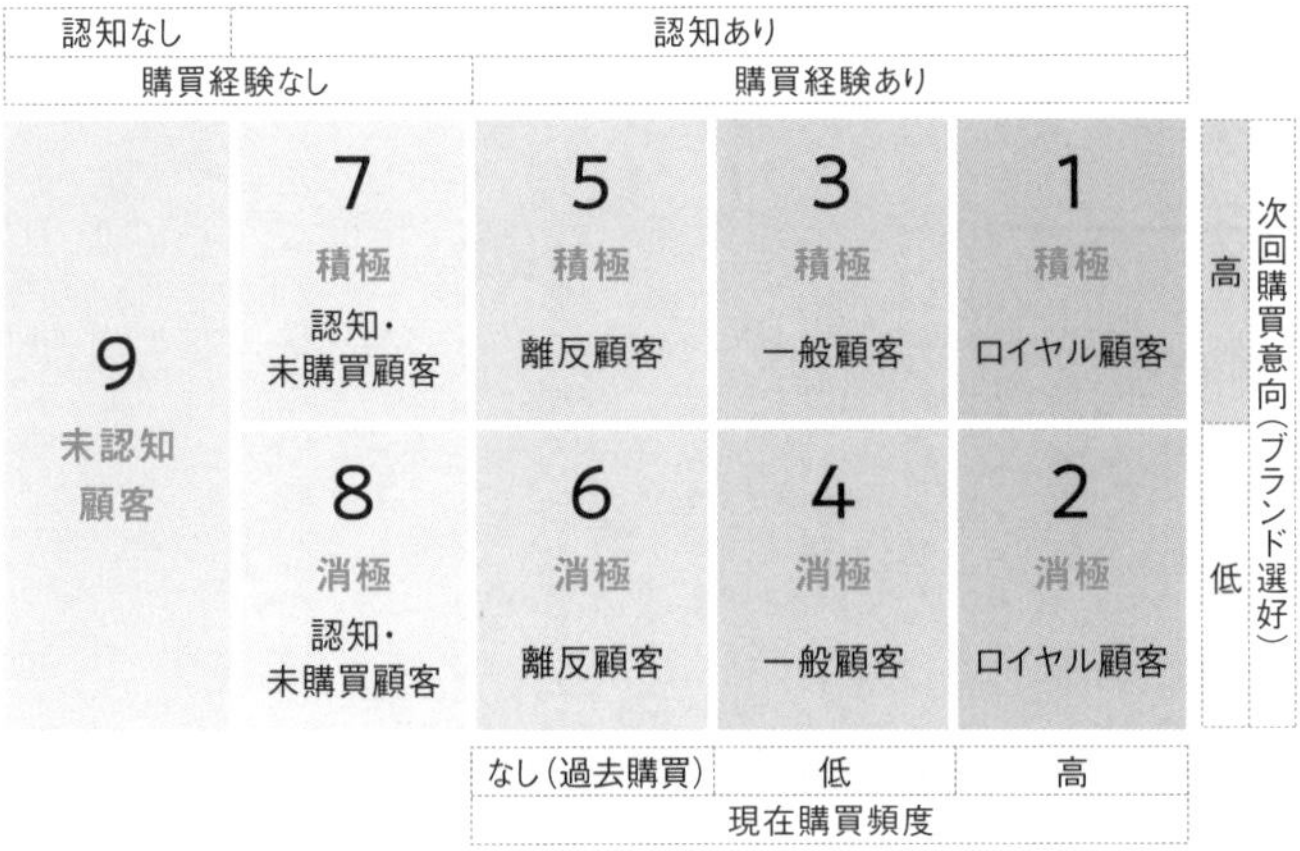


出典：『たった一人の分析から事業は成長する 実践 顧客起点マーケティング』

1と2（消極／ロイヤル顧客）はどちらもたくさん購入してくれますが、1は次も指名して買ってくれるのに対し、2は違うブランドへ離脱寸前の顧客です。どんなブランドでも2は一定の割合で存在します。したがって、ロイヤル顧客がいるからといって、必ずしも安泰ではなく、時間とともに少しずつ離脱者が出ることを想定しておかなくてはなりません。

1と2の割合は、カテゴリーによってもかなり違います。たとえば缶コーヒーの場合、1と2は9対1と、圧倒的にロイヤリティが高いのが特徴です。一方、QR決済はどのブランドでも2のほうが圧倒的に多く、一応ロイヤル顧客に分類されても、実際にはどのブランドでもいいと思っています。

余談になりますが、コーヒーは面白いカテゴリーで、100円から1000円台まで、いろいろな価格帯の製品が揃っています。そのうち、手頃な価格帯のコーヒーを置いているコンビニエンスストアの購入者を見ていると、マシンで淹れる100円のコーヒーのほうが安くても、120円の缶コーヒーを買っていく人がいます。同じ飲み物のようでも、おそらく別の製品と捉えているのでしょう。さらにいうと、同じ人でも缶コーヒーを飲みたいときと、より高価格のスターバックスのコーヒーが飲みたくなるときがあります。

何が欲しくなるかは、その時々の欲求や状況によって変わるため、「必ずこれは売れます」とはなかなか言えません。そこがマーケティングの難しさであり、面白いところでもあります。

論点13

# 「B2BとB2Cは別物だから、同じマーケティング理論は使えない」

「消費財であれば、異業種のマーケティング施策を参考にしたり、消費者としての自分の感覚を活用したりする方法はあるかもしれないけれども、法人相手に営業をかけている自分たちには、一般顧客向けのマーケティングの考え方は当てはまらない」

「スペックだ、品質だ、価格だ、納期だと、相手が重視する要素は固定されていて、そんなにクリエイティブに考えようもない。本質は同じだとみんな言うけれど、消費財と同じマーケティング理論でB2Bを語られても、やっぱり無理がある」

そう思っている人もいるかもしれません。

この論点については、イエスとノーの両方の側面があると思っています。

B2B（企業間取引）もB2C（企業対個人取引）も何かの施策により、相手の心や行動を変えるという意味では、まったく同じ原理が働きます。マーケティングはモノを売ることだと思っているかもしれませんが、人事部の担当者が人事施策を変えて、従業員満足度を上げたり離職率を減らしたりするのは、何かのアクションをとることで、ターゲットの行動や心理を変えるという意味で、立派なマーケティングだと言えます。

B2Cはより一般的な大衆を、B2Bは企業を相手にするので、心に響くポイントは間違いなく違いますが、適切な施策を考えるための頭の使い方自体は、実はそれほど変わりません。

## ■「最終顧客」を念頭に置く

さらに、B2Bであっても最終的にそれを利用するCが存在します。Cにとって独自性のある便益、ほかでは代替できない便益は何かを考えてから逆算していけば、どのようなBの顧客に何をすべきかが見えてきます。

したがって、**B2Bであっても、最終的なCに焦点を当てていくことが大切です**。たとえば、ヘアケア商品を開発し美容院に販売している会社のコンサルティングをしたことがあります。従来品を見たところ、B2Bの顧客である美容院の美容師など関係者（専門家）の話だけを聞いて開発していたため、一般の（美容室の）顧客には価値がわかりにくい製品になっていました。しかも、パッケージの表記は英語のみで、パンフレットには製品説明もロクになく、イメージを載せているだけでした。もちろん、顧客にとってイメージは重要ですが、それを明確な便益にまで結びつけなければ、売れるわけがありません。

そこで行ったのが、美容院の顧客、つまり一般顧客がどんなことを感じ、どんなニーズがあるかから逆算して製品やコミュニケーションを変えることです。その商品を美容室で買う顧客にヒアリングすると、購入する理由は、「洗い上がりの手触りから得られる仕上がり感」でした。そこで、「ビューティーサロンの仕上がりを手触りで実感」という便益をイメージに付加して、パンフレットからすべてをつくり変えていきました。その結果、店頭（美容室）でより売れるようになり、取り扱ってくれる美容室の数も大きく増えました。そのプロセス自体に巻き込んでいたので、専門家である美容師も納得してくれました。

**このように、Cである最終消費者を起点として考えることで、B向けの戦略がより鮮明になることもあります。**たとえば工作機械メーカーであれば、大企業が建築現場で何をつくり、そこに住む人たちは誰かというところから考えてみることで、建築現場のニーズに留まらない、プラスアルファの可能性が見えてくるはずです。
最終顧客とのつながりがまったく見えないとしたら、その製品はコモディティ化するしかありません。部品としての性能、効率性、価格の安さだけが勝負のポイントになってくるでしょう。

## ■B2B企業がテレビCMを流すのはなぜ？

医療機器や建築資材など、普通の消費者は絶対に買わないと思われるテレビＣＭを見て、いったい誰に売ろうとしているのだろうかと不思議に思ったことがあるかもしれません。Ｂ２Ｂの会社が実施するテレビ広告は、多くの場合採用活動の一環という位置づけです。ほとんどのＢ２Ｂの会社は一般的に知名度がないため、会社自体を広く知ってもらうためにテレビ広告を用いるのです。

ただし、テレビ広告は安くはないので、そのような広告の使い方はあまり効率のよい投資とは言えません。それよりも、基本的なマーケティング理論で考えたほうがうまくいきます。たとえば、誰に自社に来てもらいたいのか。その人に効率よくリーチするためには、いつどのような場所でセミナーを行ったり。ターゲットした広告を打てばいいのか。どんな人にセミナー登壇してもらい、どんな話をすれば、よい会社だと思ってもらえて、応募し、入社してもらえるのか。**このように採用活動というものは、WHOとWHATの組み合わせから考えるべきマーケティング活動と言えます。**

**論点13への回答**

**B2B領域の事業だからといって、目の前の顧客だけを顧客として考えてはいないか。その先にいるはずの「最終顧客」（C）にまで提供できる便益と独自性を見据えて手を打つことで、新しい付加価値やニーズを見出そう。**

# 第 3 章

# ブランディングの誤解

論点14

# 「ブランド名が認知され、ブランドイメージがよくなれば、よく売れる」

ブランド名が認知されていれば、よいブランドイメージがあれば、購買につながると考えて、ブランディングに力を入れているマーケターは多いと思います。

そもそもブランドイメージとはどのように形成されるのでしょうか。まずブランドを認知し、自分にとっての便益やほかにはない独自性（非代替性）を感じて、買いたくなります。そして、実際にお店などに行き、価格にも納得感があれば、購入します。そして実際に使ってみて、よい買い物をしたと満足する。この一連の体験の中で、そのブランドに対する評価やイメージが形成されます。その後、ブランド名やアイコン、デザインが、その便益体験の象徴として記憶されます。こうした「ブランディング」要素に接することで、以前体験した便益と満足感がよみがえります。そしてまた買おうと思い、実際に再度購買したり、リピートする――ここまでの図式が成り立ってようやく、ブランドが投資効果の高いリマインダーとして機能するようになります。

この商品の再体験が前回同様かそれ以上によければ、この「ブランディング」要素の記憶は強化され、ブランドのロイヤル顧客となっていきます。これが「ブランディング」の本質です。

**問題は、満足体験を持っていない新規顧客や、購買意向を持たない顧客に対して、ロイヤル顧客が記憶した「ブランディング」要素を訴求すれば、顧客獲得やロイヤル顧客化が達成できるかのように誤解したマーケティング活動、「ブランディング」至上主義が蔓延していることです。**製品やサービスの便益を体験していないのに、それらを経て獲得できる「ブランディング」要素だけ伝えられても、購買にはつながりません。

「ブランド」は継続購買とその意志を強化するうえで重要ですが、それは便益体験への満足の結果として生まれるものであって、便益への満足を生み出す原因ではないのです。原因と結果の混同、これこそが「ブランディング」至上主義に内在する問題です。

そのブランドを知りつつ使っていない人とは、そのブランドをすでに認知していて、便益価値を感じず、購買しないと決めた顧客です。そのような顧客に対して「ブランディング」要素の訴求をしても、むしろ「ああ、（自分には関係ない）あれね」と買わない気持ちを固めたことを思い出させるだけかもしれません。自分には関係ないという気持ちを何度も思い起こさせてしまい、よかれと思った「ブランディング」の訴求が完全に裏目に出てしまうこともあります。こうした顧客には便益の伝え方や切り口を変えない限り、考えや行動を変えてくれません。

「ブランディング」要素の強化は、常に便益の体験との組み合わせです。たとえば、セブンイレブンのセブンプレミアムは、プライベートブランドですが、ナショナルブランドよりも高い価格で、おいしいというポジショニングを形成できています。高価格なので、原価も高く設定することができ、食材にこだわって、よりクオリティのよいものが提供できるという好循環に持ち込めています。

一方、トップバリュなどのプライベートブランドも、ナショナルブランドよりも安い価格にして、「よいものだけど安い」ことを訴求しています。ところが、それほど「よいもの」というイメージを形成しきれていないのは、安くつくらないといけないので、セブンプレミアムのように原材料にお金をかけられないからかもしれません。

**結論を言うと、ブランディングをすれば売れるのではありません。ブランディングになり得る強い便益の体験を生み出さないといけないということに尽きます。**

## ■コーポレートブランディングに関する誤解

顧客が購買するときには、この企業だから信頼して買うという側面は確かにありますが、それは二次的、三次的な後押しにすぎません。したがって、企業イメージがよければ売れるだろうと、コーポレートブランディングに力を入れることは、お金や時間の無駄となりかねません。実際に、1980年代、90年代のコーポレート・アイデンティティ（CI）ブームでは、ずいぶんと無駄な投資が行われた記憶があります（最近も、一部のスタートアップ界隈で無駄なCI投資が行われているようですが）。

コーポレートブランディングという際、無意識のうちにコーポレートブランドという上流から変えれば、下流＝そのコーポレートに属する製品やサービスの売上も変わるという間違った前提に基づいているように思います。しかし顧客起点で考えれば、上流に来るのはコーポレートイメージではなく、その顧客と製品・サービスの関係性です。独自性と便益を感じ、実際に購買し使用した結果、満足感が得られれば、その製品やサービスの「ブランド」イメージとなり、それを製造販売している「コーポレートブランド」につながっていくのです。**つまり、コーポレートが下流なのです。**

## 一番上に置くべきは顧客

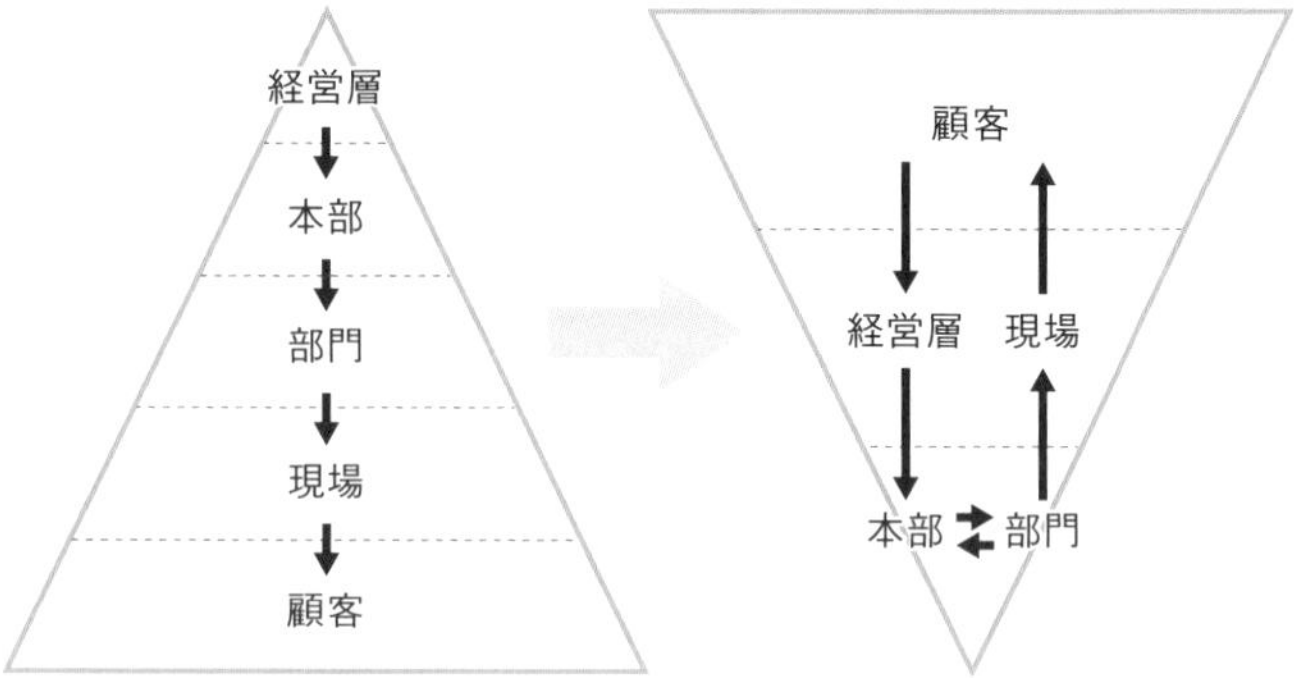


たとえば、海外旅行をして、その国や人々のイメージがよくなるかどうかは、そこでどんな体験をしたかで決まります。現地での体験がよかった、ご飯がおいしかったなど、具体的な個別の製品やサービスの体験に紐づいて、イメージが形成されるのです。その国が観光誘致のために打ったテレビCMが圧倒的にカッコよくて、興味を持ってもらうことに成功したとしても、それがその国のイメージとして定着するわけではありませんし、そのイメージがいいから現地で経験することがすべて評価されるわけでもありません。逆なのです。

ところで世の中には、企業イメージとは関係なく、よく売れるものもあります。健康によくないとわかっていても、タバコやアルコール飲料などは売れつづけています。なぜかというと、それを味わったときの化学的または物理的な快感は何物にも代えがたいものであり、ネガティブイメージ（逆便益）を超える便益がそこにあるからです。

**思考の起点に置くのは、会社ではなく顧客であり、その顧客にどんな便益や独自性をどんな商品で提供できるかという考え方をしない限り、何も価値を生み出せません。**これは、会社のピラミッド構造の議論と同じです。よくビジョンや戦略が上位にあって、経営層から下に位置する本部、部門、現場へとカスケードダウンで展開して、その先に顧客がいるというピラミッド構造が描かれますが、その構図はそもそも間違いで、顧客を一番上に置く「逆さのピラミッド」に発想の転換が求められます。

**論点14への回答**

**ブランディングをして認知度が上がれば売れる、というのは大きな勘違いである。あくまで顧客を起点にして、新規獲得とロイヤル顧客育成の二軸で考え、それらの結果としてのブランディング強化を実行しなければならない。**

論点15

# 「ブランド価値を高めるには、洗練されたデザインが重要である」

最近、デザイン思考をはじめとして、デザインという言葉がよく聞かれます。有名デザイナーを登用して、洗練された美しいデザインをつくれば、ブランド価値の向上につながり、ひいては売上も増えるだろうと、つい期待したくもなります。

**実際に、デザインは非常に重要です。なぜかというと、人が何かを好きになる要素は、人格、物語、デザインの3つしかないからです。**

たとえば機能やスペックでは、好きになることはありません。結婚相手には、背が高く、高学歴で、高収入の3高がいいと言われていましたが、これは全部スペックです。選ぶ要因にはなっても、その人を好きになる要因ではありません。実際に、3高で条件はいいけれど、どうも人柄が好きになれないということはあるはずです。それでも無理に選択すれば、愛のない結婚になってしまいます。

人は物語（ストーリー）のあるものを好みます。たとえば、廃材からつくる服というストーリーに惹かれて、応援したいという気持ちがわいてくることがあります。無印良品を好む人は、必要のないものを省いて最低限でいいものをつくるというストーリーと、シンプルで使いやすいデザインに惹かれるのです。

その一方で、楽天市場のウェブサイトを見ると、非常にごちゃごちゃした印象で、四方八方からポップが次々と出てきます。ディスカウントショップのドン・キホーテの店内は雑多な品物が所狭しと積まれ（「圧縮陳列」と呼ばれています）、いわゆる洗練されたスタイリッシュなデザインとは程遠い印象です。しかし、両社ともに大きな成功を収め、今でも事業を継続できているのは、それが多くの顧客に受け入れられているからにほかなりません。

洗練されたデザインや有名デザイナーを起用すれば、ブランドの価値や施策の訴求力が上がると期待するのは間違いです。**「好き」であることと「購買する意志」は必ずしも一致していないのです**。だから、いくら有名デザイナーが手掛けようとも、売れない製品は売れません。少しインターネットを調べれば、有名デザイナーの失敗作はたくさん見つかります。既存商品を洗練されたデザインに変えて好評を博して話題になったものの、「売上が減りましたので、元に戻しました」的な事例は過去にもたくさんあります。**それよりも、その商品が顧客に提供できる便益と独自性をわかりやすく伝えるということが土台であり、そのためにデザインがあるという順番を間違えてはいけません。**そしてそれを実現するためには、人任せにするのではなく、自分たちの頭で考えないといけないのです。

**論点15への回答**

**有名デザイナーのクリエイティブを起用してデザイン性やアート性を追求するだけでは、売上が上がることも、ブランド価値が高まることもない。自社商品が提供できる具体的な顧客への便益と独自性の訴求が重要である。**

論点16

# 「ブランドイメージを守るのは、ロイヤル顧客のため」

製品やサービスで好ましい経験をしたロイヤル顧客に話を聞くと、信頼できる、先進的である、品質がいい、私に寄り添ってくれる、製品力があるなど、ポジティブな話ばかり出てきます。これは、経営者やマーケティング担当者にとって、とても嬉しいフィードバックです。気持ちを込めてつくった製品やサービスを、好意的に受け入れてもらえたのですから、当然です。そして、ロイヤル顧客が言うなら、当社はそういうブランドイメージなのか、それがうちの強みなんだと、（実態はさておき）信じるようになります。

そうした信念が行きすぎて、そのイメージを守ることがロイヤル顧客のためになる、何も変えてはいけないと思い込むと、新しいことはやらないという判断に傾いてしまいます。これを助長するのが、根強い「ブランド・エクイティ」信仰で、ブランドの持つ無形の資産価値を重視する考え方です。
【論点14】で触れましたが、「ブランディング」要素の訴求は、ロイヤル顧客や既存顧客への便益体験を効率よく思い出させるリマインダーとして効果はあります。**しかしながら、ほとんどの事業やカテゴリーにおいて、この「ブランディング」要素の愚直な繰り返しだけでは、ロイヤル顧客は一定割合で離反していくのです。**というのは、人間は慣れ親しんだものに愛着を持ち、習慣化し、それを保守したい気持ちを持っている一方で、まったく同じことが続くと飽きてしまうからです。まったく同じ便益、訴求、イメージを繰り返すだけでは、主流、安心、定番、便益の保証というイメージが強化されますが、新規の競合や代替品と比較して、老舗、古い、頑固、便益の相対的な陳腐化のイメージも強めてしまうのです。私たち自身も、過去に「ブランド・エクイティ」を尊重しすぎて、ブランドが身動きが取れなくなってしまっているような状況をたくさん経験しました。

では、頻繁に新しい提案をすればいいかといえば、そんな単純な話でもありません。その製品やカテゴリーの特性、日常習慣、社会的役割によって、その「さじ加減」は異なるのです。

興味深いことに、顧客は自分が思っているものと違うメッセージを言われたときに、拒絶する場合と、受け入れる場合があります。自分が感じている便益と関係ない付帯的な属性イメージであれば受け入れるのに対し、便益と直結していると違和感を抱き、どんなスーパーロイヤル顧客でも一定割合で離脱していきます。

たとえば、広告の見せ方として、「カッコいい」と評価されていたものに、「かわいい」イメージを提案した場合、商材によって反応は異なります。化粧品の場合、ロイヤル顧客はむしろ新鮮さを感じて、そのブランドを使いつづけるきっかけになることもあります。

一方、ファッションの場合は、カッコいいとかわいいは、ブランドの便益と直結しているので、そこが変わってしまうとロイヤル顧客は離れていきます。その微妙なラインを見極めることが重要で、そのためには便益と直結したイメージは何か、それとは関係ない付帯的イメージは何かという仕分けをしなくてはなりません。

## ■SK－Ⅱの二兎追いブランディング

化粧品の場合、タレントのイメージと便益のイメージが結びついて「ブランディング」要素となっている場合が多いです。このため、自分の肌に合うからと愛用していた化粧品でも、(その化粧品を愛用しているだろうとユーザーが思っている)タレントが代わることで、以前のような便益が得られないのではないかと直感的に感じとり、なんとなく離脱してしまう可能性があります。

そうした現象が見られたのが、P&Gの化粧品、SK－Ⅱです。同ブランドはP&Gがマックスファクター社を買収して、1990年代前半にリニューアルを仕掛けて、肌が美しく大女優である桃井かおりさんと「湯上り卵肌」というコピーが当たって、売上がどんどん伸びていきました。その後、少しターゲットを変えて若い世代を取り込もうとして、桃井さんから新しい若いタレントに変更したところ、大変なことに。桃井さんを通じて便益価値を「ブランディング」要素として感じていた既存顧客は、いきなり若いタレントが出てきたため、自分たちに関わる便益がなくなったと感じ、離れてしまったのです。そこで急遽、桃井さんに再登板してもらい、若いタレントと並行させたコミュニケーションに切り替えました。このとき、桃井さんが便益に直接つながっていることにすぐ気づいて修正策を打てたのは、英断だと思います。

ここで考えてみたいのは、もし、典型的な「ブランド・エクイティ」理論に乗っ取って、桃井さんだけでずっと宣伝を続けた場合に、成長を遂げられたか、という点です。当時、明らかに勢いは落ちていて、そのままでは売れ行きは鈍化し、「年配世代向けの非常によい製品」で終わっていたはずです。SK－Ⅱの場合、若い世代向けにはテレビCMで若いタレントを多く露出し、既存顧客向けにはパンフレット、店頭、雑誌などのメディアに桃井さんを登場させるというように、訴求のやり方をうまく組み合わせることで、ロイヤル顧客のブランディング強化と若年層に向けた新規獲得策と、全体でのブランドの陳腐化回避を同時に成り立たせるキャンペーンを打っていたのが、その後の、全世界での大成長につながったのだと思います。

**重要なのは、あくまでも顧客起点で戦略を考えていくこと、顧客を一緒くたに考えないこと、認知、使用経験、購買経験とブランドに対する態度でセグメント分類して矛盾ない戦略を構築することです。**そうすれば、同じブランド名やロゴに対して、主要な顧客セグメントへの異なるパターンを組み合わせながら、全体としての一貫性を損なわないやり方も可能になります。

## ■アップルのカッコよさは後付け？

スタートアップの経営者や大企業のマーケターと話していると、アップルのイメージのようなブランディングをしたいというコメントがよく出てきます。

アップルといえば、スーパーボウルで行ったＩＢＭ対抗広告や、「Think different（シンク・ディファレント）」のキャンペーンが有名ですが、実際には、あの広告があったから製品が売れたわけではまったくなく、有名な広告と売上は必ずしも相関していません。時系列で分析すれば、売上と株価と相関しているのは新規性のある独自製品の導入でした。確かに、あの独自性のある広告やキャンペーンを通じて、イメージの変更に成功しましたが、あの広告がなかったとしても、それなりに売れていたのではないかと思います。

実際、スティーブ・ジョブズが提案した製品やサービスは、必ずしもすべてがヒットして世の中に受け入れられたわけではありません。ヒットしたのは、初めて世の中に出る、ほかでは提供していない独自の便益を打ち出したものでした。アップルはデザインだけでなく、非常に製品性能寄りの会社であり、「カッコいい」というようなイメージは完全に後からついていています。

実際に、アップルのｉＰｏｄの広告の中で、多くの人の印象に残っているのは、Ｕ２などの音楽を使って人が踊っているグラフィカルな映像だと思いますが、これはｉＰｏｄで最初に流されたテレビＣＭではありません。また、製品のほうはＣＭとは関係なく、最初からよく売れていました。

**本当に顧客を動かすものは、イメージよりも製品独自の便益です。**それに加えて、よいイメージを一貫して伝えているので、アップルを「カッコいい」と想起するユーザーが増えているのです。結局、イメージがあるから成功するわけではなく、まずは製品の独自性や便益が大事であって、それがあればイメージは後からつくっていけるのです。その主従の関係を誤解してはいけません。

## 論点16への回答

**「ブランド・エクイティ」に盲目的に従ってはならない。それは、後付け理論であり、顧客が購入するのは代替性のない便益価値である。**

論点17

# 「SDGsを意識した施策を打てば、企業イメージも売上も向上する」

CSR（企業の社会的責任）、ESG（環境・社会・ガバナンス）投資、国連の持続可能な開発目標（SDGs）など、一企業の利益だけではなく、社会的な問題の解決や環境に配慮した活動や貢献を重視する考え方が広がっています。その流れに乗っておけば、企業イメージがよくなり、売上や利益にもつながるだろうと、社会貢献活動や情報発信に力を入れている会社が増えています。

実際に、品質や性能ではなかなか差がつかなくなり、どんな製品やサービスかよりも、それを提供するのがどんな会社であるかがより重要な時代になってきているのは間違いありません。マーケティング理論で有名なフィリップ・コトラー教授も「マーケティング3・0」という概念の中で世界への貢献を1つの要素として挙げています。

その一方で、自分自身の購買行動を振り返ってみてほしいのです。この会社はいい会社だから、という理由で買った製品やサービス、またはブランドは実際にあるでしょうか。せいぜい、ＳＮＳで「いいね！」したり、シェアしたりするくらいではないでしょうか？　もちろん、廃材を使った洋服、環境に悪い素材を使わない化粧品など、高い理念を掲げて製品をつくっている会社もあります。**もともとの生業がＳＤＧｓに深く関係している企業には、それを前面に出して訴求することは有効かもしれませんが、そうでない会社が急にＳＤＧｓ的な施策を打ち出した結果、イメージが向上してものが売れた、という例はほとんど聞いたことがありません。**

　数少ないグローバルでの成功例を挙げるとすれば、ボルヴィックがユニセフと共同で行った「1リットル・フォー・10リットル」というプログラムくらいでしょうか。これは、自社のミネラルウォーターを1リットル買えば、アフリカで井戸を掘って、清潔で安全な水を10リットル供給することを目標とした取り組みで、大きな反響がありました。水のように差がつきにくい商材を売るために、社会貢献の要素と紐づけすることはそれなりに有効だとしても、かなり例外的だと思います（なお、ボルヴィックは２０２０年末で日本の市場から撤退することが決まってしまいました）。

　人がものを買う理由は、自分が欲しい、おいしそう、便利だといった自分にとっての便益にあり、それは何百年、何千年も前から変わりません。購買決定において、公共性や社会性はもちろんあったほうがよい要素ですが、必須の要素なのか、または購買決定の要素として多くの人に有効なのかということは、よく考えてみる必要があります。

**「こんなことを訴求すれば、売れるのではないか」というのは完全に企業側の視点です。そうではなく、消費者の視点で、それで自分が買うのかと問いかけてみることが大切です。**

## ■社会貢献活動の効果は内向き?

社会貢献活動が早期に影響を与えるのは、社内においてです。流行に乗ったり、企業イメージの向上目的ではなく、経営の信念として社会貢献や地域貢献を一生懸命にやっていくことは、社内の人や関係者に「自分たちの会社はよい会社だ」と思ってもらうのに非常に有効です。

実際に、社会貢献活動を続けていくうちに、社内の雰囲気が一変した会社を知っています。その会社は以前、社内でうちはいい会社だと誇りを持っている人は誰もいなかったといいます。表向きには、ブランドや製品力が強みだと口にするのですが、実際に顧客に聞いてみると、その会社の製品を買っているのは、接待や旅行、値引きという答えで、会社内では不正が蔓延し、企業イメージを落とすような行為も行われていました。

そこで、こうした状況を変える1つの手段として、この企業では社会貢献活動に力を入れることにしました。当時はまだ目新しかったこともあり、対外的に新たな差別化として訴求する一方で、社内向けにも情報発信を続けました。3年くらい継続すると、他社と違って社会貢献活動を行う会社だという一定の評価が形成され、社会によいことをしたい、そうできると信じている会社だという意識が社内にも浸透していったのです。

社会貢献活動を価値観として掲げることには異論はないし、この例のように中長期的には社員のモラル向上などに貢献する可能性はあります。しかし少なくとも、売上など、わかりやすい短期の対価を求めて、取り組むべきことではありません。

**論点17への回答**

**自社に関係のない社会貢献活動を急に始めても、売上にも、ブランドイメージ向上にも結びつかない。高い理念が消費者への「押しつけ」になっていないか注意し、そもそもの目的と顧客にとっての便益価値を考えよう。**

解説

# 論理ではモノは売れない

**人がものを買う理由は、楽しい、欲しい、おいしそう、自分にとって便利だ、など本能に基づく欲望がベースにあります。そして、これはコロナ禍が起ころうが起こるまいが、何千年も変わっていません。**ましてや、リスクや恐怖への反応から生じた新習慣は長続きしないのです。

今回、コロナ禍で初めてテイクアウトやデリバリーサービスを利用した人は、確かに便利でそれなりに使えると思ったでしょう。ですが同時に、そこそこ高いし、店で食べるのと比べて、そこまでおいしくないことも知ってしまったはずです。もちろん、高級食材を使うなどして、それなりにおいしかったとしても、やはり店で食べたほうが断然安くてうまい。だから、店舗での営業が再開されれば、ある程度は元に戻るでしょう。人の欲望というものは、変わらないのです。

お取り寄せや産地直送で、困っている農家から野菜を買うなどの経験も、コロナの初期に数回は行ったとしても、今でも継続的に買いつづけている人はかなり減ったでしょう。なぜなら、このような社会的事情による「応援購買」は、欲ではなく論理だからです。欲ではなく、頭で考えていることは、なかなか長続きしません。

**人間は欲や感情で動く存在です**。人の心に何かしらの影響を及ぼして、結果的に行動を変えるには、理屈を説くのではなく、人間の根源的な欲求、人間を突き動かす部分にアプローチすることが不可欠です。

論点18

# 「ブランドイメージは一貫性が大切だから、変えてはいけない」

一貫性がなければブランド力は高まらない。ターゲット顧客にこう思われれば選ばれるであろう価値を見定めたら、その印象が残るように、あらゆる顧客体験や施策に一貫性を持たせ、それを継続していくことがブランディングの常識だ――マーケターであれば、そう思っていることでしょう。

これについては、**「一貫すべきです。だけど、時代に合わせて変わるべきです」**というのが、私たちの答えです。

ブランドとは、人が何かを選ぶときに指針とするものです。似たような製品やサービスであっても、品質が高いなど好ましい便益体験のイメージがあればより高く売れるのも、ブランドのよさです。

仮に、自分の特技は水泳だと言っていた人が、ある日突然、特技は将棋です、翌日には、漫画を描くことですとコロコロ変わったとすれば、いったいどんな人なのか、わからなくなります。「この人はこういう人だ」という特徴がわかったほうが、接しやすいのです。ですから、ブランドの特徴をわかってもらうためには、一貫性を持たせる必要があります。

その一方で、周囲の環境や顧客が変化する中で、その特徴が不要になったり、魅力的ではなくなったりするということも起こりえます。また、同じブランディングを続けていくと、どんどん古いイメージになってしまい、ブランドの停滞や没落を招く恐れもあります。このため、ブランドをリニューアルして、方向性を変えることは、比較的頻繁にいろいろなブランドで行われています。アップルやＢＭＷなどのロゴを見ていても、時代とともに上手に変えつづけています。

一貫しつつ変えつづける、これをうまくやっているのが「ファブリーズ」です。「ファブリーズ」は、タバコの臭いの消臭に始まり「洗えない布製品を洗ったようにスッキリ」という大きなブランドを維持しつつ、匂いの循環を使って置型消臭芳香剤の市場を奪ったり、除菌機能（洗えない罪悪感に対する免罪符）やダウニーとのコラボ等を行ったりして、累計世帯浸透率90％、60％以上の人が家にボトルがある状態まで持っていきました。その後は置型・クルマ用など、ブランドを活かしつつ異なる「ジョブ」にアプローチするプロダクトを開発することでポートフォリオを拡大し、売上を大きく伸ばしました。

**ただし、注意すべきことがあります。本来はそのブランドを訴求すれば高く売れるはずなのに、製品やサービスのカテゴリーを広げすぎて、安くなってしまうことです。**

たとえば、1980年代のイヴ・サンローランがその例です。本来は高級ブランドだったはずですが、製品を広げすぎて、日用品にまでロゴがつくようになると、特別感を表せなくなりました。その結果、高い価格も設定できなくなり、ブランドイメージに合わなくなってしまったのです。結局、すべてのライセンスを引き上げて、ブランドを最初から作り直さなくてはなりませんでした。

一貫性は持たせつつも、同じことを愚直に続けるのではなく、時代に合わせてうまく調整していくことが大切です。

## ■「うちの会社のイメージに合わない」は可能性を狭める？

**体験の一貫性を軽視してブランドを壊してもいけないのですが、一貫性にこだわりすぎても、ブランドを壊してしまう恐れがあります。**特に厄介なのが、コーポレートブランディングを強く打ち出して、固定されると、そこから離れられなくなることです。経営者やマーケティング担当者がそのイメージのファンになり、自分と同一視したり、「これがうちのブランドだ」と社員も認識したりしはじめると、ほかのイメージに変えるのを渋るようになります。

たとえば、他社とのコラボキャンペーンを考えるときに、「うちの会社のイメージとは違うから」という理由で、特定の業種の企業とパートナーシップを組まないような場合もあります。製品の便益が企業イメージを低下させるわけではなくても、一致していないからという理由で却下されることもあります。

もちろん、その判断はあくまでも企業の価値観や信念に根差したもので正解・不正解があるわけではありません。しかし、少なくとも顧客と関係ないレベルで意思決定していることは事実です。

「美しい」「カッコいい」などイメージに対する縛りを厳密にすればするほど、参入可能なカテゴリーが狭まったり、自社のイメージとは離れたところにある顧客ニーズに目を向けて新規事業に挑もうとする思考がどんどん排除されていったりします。その結果、昔ながらのカテゴリーで昔ながらのことをやるだけとなり、従来品の新バージョンや低価格バージョンを出しながら、コアビジネスを強化すること「しか」できなくなってしまいます。**自らに課した厳しい制約のせいで、満たせない顧客ニーズが増えてしまうと、世の中の環境が変わったときに、スタートアップ業界でよくいわれるピボット（方向転換）ができなくなり、会社の存続も危うくなるリスクがあります。**

古い話になりますが、アメリカのゼネラル・エレクトリック（GE）を見ると、タービンなど重工業だけでなく、金融事業にまで展開するなど、事業形態を大きく変えてきました。ジャック・ウェルチ時代に、1位か2位になれるカテゴリーで勝負するという有名な原則を入れましたが、その結果、ドメインを固定せずに、新しい事業領域に参入したり撤退したりする際の柔軟性が担保されたとも言えます。

**いつの時代にも、柔軟性は非常に重要です。コロナ対応でも同じで、「うちは〇〇業だ」とこだわりすぎれば、新しいことは何もできなかったはずです。**もちろん、売れれば何でも手を出せばいいということではなく、どこで線を引くかは企業の意志の問題です。それを判断する際に、将来の可能性をどこまで取り込めるかという点も意識するべきなのです。

**論点18への回答**

**自社製品のブランドイメージや、会社のイメージに縛られすぎてはいないだろうか。時代や状況の変化に合わせて、「一貫しながら変わりつづける」ことを目指そう。**

解説

# マーケティング上のKPI、KGIをどう考えるか

マーケティングをするうえで重要となる、顧客に関するKPI（Key Performance Indicators：重要業績評価指数。目標の達成度合いを計測するための指標）やKGI（Key Goal Indicator：重要目標達成指数。施策を打つことで目指す最終目標）をどう設定すればよいのか。コンサルとしてよく相談されるテーマであり、かつ、投資効果を大きく左右するため課題となるテーマです。

**マーケティングの結果として最終的に売上や利益を出すことを求めるなら、何人の顧客が購買したか、購買数量、購買頻度のような、顧客の「行動」指標が、KGIです。**

そのKGIに最も影響を与え、かつ、マーケティングの目標として管理可能なKPIを設計する必要がありますが、ここが不適切なケースが非常に多いです。つまり、設定したKPIを達成してもKGIは達成されないような設計となっているのです。売上や利益を生み出すのは顧客の「行動」です。それをKGIとする場合、「行動」を左右する要素こそをKPIとなるはずです。

以下にありがちなマーケティングのKPI候補をいくつかならべてみましたが、どれが適切だと思われますか？

1．〝このブランドの広告が好き〟――顧客の「評価」
2．〝このブランドが好き〟――顧客の「評価」
3．このブランドは、〝かっこいい〟、〝憧れ感がある〟、〝信頼感がある〟、〝先進的〟、〝高級感がある〟、〝友人のようだ〟――顧客のイメージ「評価」
4．〝この広告を見たことがある〟――顧客の「認知」
5．NPS（Net Promoter Score）〝このブランドを他人にお勧めします（自分が買うかどうかは別だし、他人が本当に買うかどうかは、その人次第です）〟――顧客の「意志」
6．〝このブランドを知っている〟――顧客の「認知」
7．購買意向〝このブランドを自分が買いたい〟――顧客の「意志」

理想的なのは、「ブランド」を知っていて、「ブランド」が好きで、「広告」も好きで、

「ブランドイメージ」もよくて、「他人にお勧め」するし、「自分は購入する意志」がある」状態でしょう。

**しかし、これらがすべて成立することがKGI（顧客の購買「行動」）につながるわけではないのです。**究極の選択として、「このブランドは好きだけど、買いません」という顧客と「このブランドは好きではないですが、買います」という顧客がいた場合、どちらを重視しますか？　ここにKPI選択の課題が隠れているのです。

計測方法さえ曖昧な「ブランディング」という言葉で思考停止し、KGIにつながらない不適切なKPI設計を生み出し、無駄な投資と費用を発生させています。**顧客の「行動」を左右するものは何なのか？　あくまで顧客起点で、自社のビジネスのKPIを見直すことをお勧めします。**

第 4 章

# プロモーションの誤解

論点19

# 「プロモーションの役割は、認知度を上げて売上を伸ばすことだ」

マーケティング目標の1つは、会社名や製品・サービスの認知度を高めること。このため、KPIである認知度に注目し、その変化に一喜一憂しているかもしれません。このとき、関係者の頭にあるのは、認知度が高まって、多くの人に知られるようになれば、買ってくれる人も増えて、売上につながるという図式です。

残念ながら、周囲を見回せば、認知率100％の商品を持っていても倒産した会社はたくさんあります。認知と売上の間には単純な相関関係はなく、消費者としての自分を振り返ってみていただいても、名前は知っていても買わなかったものは多いはずです。あるいは、自分が普段買っているものの中で、どこの会社がつくっているか知らない製品はたくさんあると思います。ドラッグストアで売っている日用品について、いちいち裏を見て会社名を確認したりしません。**自分にとってどんなよいことがあるかという便**

**益が重要であり、会社やブランドは関係ないことも多いのが現実です。**

とはいえ、名前だけ知っている状態をつくることが、まったく意味がないわけではありません。名称が認知されていれば、次にその製品の訴求を行ったときに、受容性が高くなるからです。

さらに、コロナで外出自粛になったときにわかったと思うのですが、たとえば焼肉のデリバリーを頼みたいと思ったとき、選ばれるのはどのような店でしょうか。おそらく普段よく使っている店か、使ったことはないけれど、名前を聞いたことがある店だったはずです。つまり、最初に思い浮かぶブランド名であるトップ・オブ・マインド（第一想起）で上位3つくらいに入らなければ、「さあ、買おう！」という状態になったときに、選択肢にも入らないのです。選択肢に名前が挙がるためには、知名度を高めて、何かのサービスが欲しいと思ったときに想起してもらえる状態にしておくことが重要になってくるのです。

特に、エアコンのように10年に一度くらいしか買わないような商材はそうです。そんなに頻繁に買わない耐久消費財の企業がテレビCMを打つのは、いざ顧客が「買おう！」と思った瞬間に選択肢に入ることを狙っているのです。

ただし、テレビCMで認知を得ることだけ成功しても意味がありません。それに加えて、エアコンの場合であれば、家電量販店に製品が並び、店員が推薦してくれることも大事です。結局、知名度を上げるだけで満足せず、売るための体制を整備しなければ、売れる構図には持ち込めません。

**論点19への回答**

**認知度と売上には、残念ながら単純な相関関係はない。トップ・オブ・マインドになる認知を獲得すると同時に、顧客に販売するまでの体制を整備しよう。**

論点20

# 「『糖質制限』や『テラスハウス』など、トレンドには常に乗っかるべき」

日本では東京への一極集中が進んでいることもあり、東京を拠点とする企業のマーケターは、東京で起こっていることがすべてだと考えがちです。

たとえば「港区や渋谷区などの流行発信地で注目されているものをいち早くコミュニケーション活動に取り入れれば、多くの人に受け入れられ、よく売れるのではないか」というような考え方です。

確かに、港区や渋谷区のオフィスに勤めているような方は、同区内の顧客インサイトを体感していて、地域内でうまくいく施策をつくることができるかもしれません。

しかし、渋谷区や港区で流行っていること、みんなが知っていることが、必ずしも日本中には届かないのが現実です。有名人の間で「糖質制限」がブームになっているからといって、それを取り入れれば成功するわけではありません。なぜかというと、ほとんどどの人は「おいしいものを、おなか一杯に食べたい」という「欲」を持っているのが自然で、わざわざ通常メニューより高いお金を出してまで低糖質なメニューを食べたいと思うのは、日本全体を見回せば、ごく少数派にすぎないのです。

たとえば、マクドナルドでは過去に、話題のリアリティー番組だからと、「テラスハウス」の登場人物を起用して、いかにも「テラスハウス」かのような広告を制作して流したことがあるのですが、ほとんどの人に認知されることなく終わりました。一部のコミュニティで大人気の番組でしたが、日本全体からみると必ずしもメジャーではなかったからです。

**日本全体でビジネスをしているのであれば、東京など首都圏だけでなく、日本全体を見なくてはならない、ということです。**提供しようとするサービス、製品、広告、コミュニケーションが東北や九州で生活したり働いたりしてる一般の人々にも理解でき、響くものでなければ、多くの顧客の心をつかむことはできないのです。

## 論点20への回答

あなたのビジネスが、東京のごく一部のみを対象にしているのでなければ、東京でのトレンドに左右されるのは避けるべきだ。訴求内容とそれが響く層を明確に特定して、日本全国のその層の人たちが理解できるようなコミュニケーションをしよう。

論点21

# 「人気タレントを起用して注目されれば、ヒットになる」

人気タレントが健康食品や化粧品などを大々的に宣伝すると、消費者は感覚的に「これはいいに違いない」と思って買うことがあります。

これは、有名人だから、あるいは、カッコよくて好きだからといった、タレント自身に対する認知が、間接的に製品やサービスの品質保証や便益保証の機能を果たしているように見えるというだけの話で、そこにはロジックはありません。まさに「人は感情でモノを買う」といういい例です。

そうした人間心理を逆手にとって、粗悪な製品でも有名タレントを使った広告を打つことで、どんどん売れたりします。もちろん、公正取引委員会などが規制をかけていますが、それでも問題となる事例は絶えません。あるいは、環境に配慮したり、社会貢献活動に真摯に取り組んだりしなくても、有名タレントを使った会社をアピールすれば好印象を持ってもらえることもあります。人気タレントを起用したマーケティングにそういう側面があるのは事実です。

**その一方で、タレントを使うことが逆効果になる場合もあります。というのは、タレントが出ている広告自体はよく知られていても、それが製品やサービスの認知に直接的につながらないことがあるからです。**「あのタレントが出ていた広告、何の製品だっけ?」という、広告としては本末転倒なことになってしまうのです。

あるいは、タレントの出ている広告を見てもらい、アンケートをとると、「いい広告だ」「好感が持てる」と高い広告認知度や広告好感度で評価してくれたとしても、顧客にとっての便益がメッセージとして残らないので、顧客の購買行動にはほとんど影響がない、ということもよくあります。

一時期、決済サービスや投資信託など金融系スタートアップが、松本人志さんや水原希子さんなどのタレントを使ったテレビ広告をさかんに打っていました。カッコいいなどのイメージは印象づけられるかもしれませんが、残念ながら、広告を見てもどんな製品・サービスなのかさっぱりわかりませんでした。読者のみなさんも、思い出せないのではないでしょうか。

テレビ広告は確かに認知を獲得するのには圧倒的に有利な方法ですが、訴求内容が適切に届き、そこで買いたい・使いたいと思ってもらえなければ、せっかく大金をかけて広告を打っても無駄になるだけです。

大物タレントを起用しているから売れていると誤解し、そのタレントと年間契約を結び、すべての商材や訴求をそのタレントを中心に考える、というのも絶対に避けたい状況です。

**まずは自分たちが訴求したい便益とターゲット顧客があり、その便益をターゲットに伝えるのに最適な登場人物（タレント）を決める、という順番を守ることが大切です。**

## ■なぜ日本ではタレントを使った広告が多いのか？

日本では、欧米と比べて、タレントの出ている広告が非常に多いのですが、それには理由があります。

まず、ほとんどの広告ランキングは好感度で決まります。そして、好感度や高認知度ランキングの上位を見ると、日本ではタレントが出ていない広告は見当たりません。好感度を上げたい、広告賞をとりたいとなると、タレントを使わないと、その確率が下がってしまうわけです。加えて、広告代理店としても、タレントを使ったほうが契約金額が上がるので、ぜひとも使いたいというインセンティブが働きます。残念な事実をお伝えすると、CMの好感度ランキングやクリエイティブ系の広告賞受賞は、多くの場合、ビジネスの伸長とはまったく相関していません。

テレビ広告は非常に大きな投資なので、できれば広告を実際に打つ前に、その広告が大金をかけて流すに値するかどうかを確認することをお勧めします。テレビ広告を積極的に活用している花王、資生堂、P&Gなどの企業は、事前に社内で広告効果を測定し、そこである一定の基準を上回らないと、その広告を流さない、という仕組みを取り入れています。

理想的には、有名タレントを使わずに商品の独自性と便益の訴求だけで、極立つ広告を制作するのがベストだと思っています。

もちろん、そのうえでタレントをうまく活用すれば、さらに高い効果を狙えます。しかし、有名タレントと年間契約を結ぶと、数千万円とか、場合によっては1億円もかかることがあります。マーケティング予算が同じだとするならば、タレントの出演料よりも、メディアでの露出回数を増やす費用に充てたほうが、圧倒的にコミュニケーションの効果は上がります。というのも、いくらよい広告でも、伝える量が少なければ効果は出せないからです。**本当に認知を高めたいなら、それなりの回数を流す必要があるので、その量を減らしてまで、そのタレントを使う意味があるかは、よく考えたほうがいいと思います。**

## 論点21への回答

**広告の好感度の評価だけで満足していないか？　人気タレントを起用できたことで満足せず、本当に商品の内容やその便益を伝えられるのかで広告を判断するクセをつけよう。**

論点22

# 「SNSでバズれば、売上が伸びる」

SNSなどで話題になったとき、売上につながるケースと、そうでないケースに分かれます。**大多数が後者になる理由は、話題化されているポイントが、製品やサービスの便益、買いたい理由に結びついていないからです。**たとえば、食品についておいしいとバズった場合、ほかの人も食べみたい、買ってみようと思い、売上に結びつくかもしれないのですが、それとはまったく違うところで盛り上げることが多いのです。

マクドナルドで名前募集バーガーというキャンペーンを行い、「このバーガーに名前をつけてください」と呼びかけたところ、2週間で200万件もの応募がありました。なぜですが、すごい反響だったにもかかわらず、売れ行きは芳しくありませんでした。なぜかというと、みんなにとって「面白い名前をつける」ことは一生懸命に考えたけれども、それがバーガーのおいしさに結びついていなかったし、その製品を買わなくてもアイデアさえあればネットから応募できる仕組みにしていたことも、購買に結びつかなかった一因でした。そこで学習したので、次回から話題性を喚起する際には、その話題のポイントが製品の訴求点に結びついていること、またできるだけ話題だけで終わるのではなく購買に結びつくような仕掛けにしました。

また、世間でポケモンが話題になっていたからといって、「ポケモンGO」も連動して話題になり、ユーザーが増えるわけではありません。というのは、ポケモンの話をすることは必ずしも「ポケモンGO」というゲームと直結していないからです。**話題化を仕掛けたいなら、結びつけたいものを綿密に計算したうえで、その話題が製品やサービスの特徴につながり、行動を促してこそ、効果が出るのです。**

今の時代は、ほとんどのものは揃っているので、何かを買ってほしいときには、話題にならないとなかなか売れないのは事実です。けれども話題にするのは、その製品やサービスに関係がある要素でなければならないし、そこからどう売上につなげるかをよく考えてみることが大切です。

## ■インフルエンサーよりも、友だちネットワークのほうが強い？

SNSで自社アカウントを持ち、フォロワーの数が多いことは、オウンドメディアとしてすごく意味があります。自社のフォロワーが5万人か50万人かでは、自社のメッセージを（ほぼ無料で）直接伝えることができる人数が10倍違ってくるからです。

インフルエンサーはフォロワーの数が多ければ多いほどいいとされています。確かに、500万人のフォロワーがいれば、リーチできる範囲が広くなります。ただし、その人が本当に好ましい形で紹介してくれているかどうかは、微妙な場合もあります。インフルエンサーが誘発する話題にしても、好きなインフルエンサーが紹介したという事実や綺麗な写真に「いいね」と反応しただけであって、製品・サービスのよさや便益が伝わったとは限りません。流行りものだから、有名人だからフォローしているだけの人も多いのではないか、フォロワーが多くても影響力は実は限定的なのではないか、などを慎重に確認してみる必要があります。

日本では、インフルエンサーのフォロワー数は多くても数百万人程度。**しかも、コミュニケーションのリーチや確実さという点で、インフルエンサーのレコメンデーションは既存の広告メディアには到底かないません。**インフルエンサーは毎日5本や6本も投稿しますが、フォロワーはその瞬間に毎回見ているわけではなく、見逃しもかなり多いのです。

このため、たとえばマクドナルドや「ポケモンＧＯ」では、有名インフルエンサーをマーケティングにほとんど起用しませんでした。

なぜかというと、すでに製品やサービスを使っていただいている顧客の数が圧倒的に多いからです。これを買ってよかった、おいしかった、面白かったと言ってくれるように、パッケージや見た目に工夫をしたり、素敵な体験や仕掛けを入れておけば、有名インフルエンサーに頼らなくても、一般の顧客が大量に情報発信してくれます。

**その意味でいうと、ある製品やサービスについて発信するというのは、マーケティングや広告・宣伝部門「だけ」の仕事だと考えるのは、いまや間違いです。**今は、1人1人がソーシャルアカウントを持てる時代です。仮に1人のＳＮＳの友人が100人だとすると、この自分の友だち100人に「この製品・サービスが素晴らしい！」と影響を与えることができれば、社員100人の会社なら1万人にリーチできる計算になります。マーケティングや広告宣伝部に所属していなくても、社員はインフルエンサーとして重要なリソースなのです。

かつて、あるアプリの利用者拡大という課題に取り組んでいた際、1回使った人のうち7割が使いつづけているということに目をつけ、プロジェクトメンバー10人で毎日SNSで投稿したり、食事会に行ってアプリを紹介してダウンロードしてもらう、といった草の根的なやり方を採用したことがあります。これでアプリを体験した7割の人が残ってくれるならば、下手に機能開発や宣伝に資金を投入するよりも、はるかに安くて実効性がある手だと言えるでしょう。

ところで、インフルエンサーの紹介では買わなかった人でも、レコメンデーション機能で紹介されたものを買う経験はしたことがあるかもしれません。アマゾンの星印や食べログのスコアをみんなが参考にするのは、いろいろな人がいいと言っているのは何かしらの安心する理由になるからです。

ただし、そうした星やスコアが操作的であることも知れわたってきているので、実は一番信頼できるのは身内や親しい友人が勧めてくれる製品やサービスです。その意味では、**有名インフルエンサーよりも、身内の人たちや友人のレコメンデーションのほうが圧倒的に強い影響力がある、**と言えそうです。

論点22への回答

SNSでのバズは万能の特効薬ではない。製品やサービスの便益、買いたい理由につながるメッセージを発信しよう。

論点23

# 「有名クリエイターに頼めば、いい広告やキャンペーンができる」

売れっ子クリエイターにクリエイティブをお願いすれば、きっと大きくビジネスに貢献するだろうと期待は膨らみます。有名デザイナーを起用してパッケージデザインを大幅に変更するパターンと同じです。

さらに、大物クリエイターを起用するメリットは、何といっても、社長や経営陣に対して説得しやすいこと。普通ならば、あれこれ細かな注文をつける場面でも、「クリエイターの○○さんは、これがいいとおっしゃっています」と言えば、ヒットメーカーのお墨付きを後ろ盾にして、すんなりと案が通ったりします。

とはいえ現実を見ると、有名クリエイターが手掛けても、たいして売れなかった案件は星の数ほどあります。

ただし、これはクリエイター側だけでなく、ほとんどの場合、発注するクライアント側にも問題があります。**どんな顧客ニーズやインサイトに対して、どんな便益を訴求したいのかが漠然としていたり、一般的すぎたりして絞り込めていないまま、「お任せモード」になってしまっているのです。**

さらに、クリエイターや広告代理店はそうした問題に気づきつつも、広告主に指摘するのをためらい、曖昧なまま進めてしまうことがほとんどです。つくったクリエイティブがエンターテインメントとして面白く、それで広告賞をとったり、バズったりすれば、たとえ売上に結びつかなくても、一定の評価を得ることができてしまうのです。最近、ストーリー仕立てで続きもののCMもよく見かけます。次の展開はどうなるのか気になるし、話題にもなるのですが、いつの間にか打ち切りになっている場合も少なくありません。それは結局、便益や独自性などのメッセージを伝えきれず、購買行動に結びついていないからだろうと推測されます。

**ここで注意したいのが、そもそもクリエイター、広告代理店、クライアントとでは、それぞれのKPIが違うことです。**もちろん、口では製品が売れてほしいと誰もが言いますが、本音としては、有名クリエイターは広告賞が欲しいし、好感度ランキングに入りたい、広告代理店は製作費などで多額のお金を使ってほしいから大型コマーシャルをつくりたいし、製作費やメディアに使う金額を増やしたい。それに対して、クライアントはできるだけ費用をかけずに製品やサービスが売れてほしいと思っているので、目標にズレがあるわけです。

そうしたことを承知のうえで、有名クリエイターを起用するのは、もちろんアリです。しかし、有名クリエイターにすべてお任せするとか、指摘や提案をすべて受け入れる、という態度は避けなくてはなりません。

## ■クリエイターの名前に反応するのは同業者や関係者だけ？

いろいろな有名クリエイターと仕事をしてみた経験上、別に有名なクリエイターである必要はないな、と考えています。なぜなら、消費者から見れば、このデザインや広告が有名な人の手によるものかどうかの違いはわからないし、気にもしないからです。

しかも、有名クリエイターは自信もあって、仕事の依頼も多いので、クライアント（広告主）の言うことを聞いてくれないことも多々あります。「私はこれがいいと思います」と断言されると、クライアントも代理店も逆らえず、その結果、とんでもなく的外れなものができてしまうことも、少なくありません。

自分たちで、本当につくりたいものをつくりたいなら、有名クリエイターは避けたほうがいいと思います。また、**有名クリエイターの起用にかかる追加費用が、本当に効果に結びつく価値がある支出なのか、その金額をメディア費などほかにかけたほうがキャンペーンの効果が高くなるのではないか、ということは真剣に検討すべきです。**

ところで、クリエイターが誰かということは、消費者はあまり気にしないのですが、同業者や関係者は注目することがあります。なので、あのタレントやあのクリエイターを使った広告が投入されたということ自体に、小売店や販売パートナーやメディアが反応し、その製品・サービスやキャンペーンを大きく取り上げたり、店頭の目立つ位置に陳列したりすることがあります。

このパターンになると、製品・サービスの露出が増えて、潜在顧客がその製品やサービスと出会う確率が上がるので、短期的な売上増につながる場合があります。

しかし、その広告自体で製品の便益や独自性を伝えきれていないので、店頭露出が減ればやがて売上は落ちてきます。そして、なぜか広告は問題視されずに、店頭露出が維持できない営業にプレッシャーが集中しがちです。

論点23への回答

広告をつくったクリエイターが誰か、ということは顧客には関係ない。有名なクリエイターかどうかではなく、顧客に自社製品の便益を伝えられているかで判断しよう。

論点24

# 「同じパターンの広告を続けるのは、マーケターの怠慢である」

胃腸薬のマーケットは年々、縮小傾向にあります。そのため多くのブランドは、若い世代を取り込まないとじり貧になると思い、ロゴや提案を含めてあれこれ変えてきました。しかし、残念ながらそれは裏目に出てしまったようで、市場全体が活性化する流れにはなっていません。

一方面白いことに、あるブランドだけは、何十年も広告メッセージをほとんど変えず、その時々でタレントや広告の状況だけ変えるという、コミュニケーション戦略をとってきました。その結果、やはり成長はしていないものの、市場全体と比べると、そのブランドの落ち込み方は少ないのです。これは、必要以上に訴求を変えずに粛々と継続的にコミュニケーションを続けることで、ロイヤルユーザーの維持に成功しているからです。

逆に、競合ブランドはいろいろと製品のバリエーションを増やしたり、次々と訴求も変わっていくので、既存ユーザーが、どれが自分の愛用するブランドなのかがわからなくなってしまっていることも考えられます。

**広告の重要な機能は、認知度を高めるだけではありません。既存ユーザーがその広告を見て、製品・サービスのことを思い出し、また買おうと思う「ブランディング」要素の訴求での、リマインダー機能としても重要な役割を果たします。**製品、訴求内容、タレントなどを変えすぎると、自分のブランドが思い出せなくなり、テレビで流れても見逃してしまったりして、また買おうとは思わなくなります。その結果、ロイヤルユーザーを必要以上に失い、かつ、新しいユーザーも取り込めず、胃腸薬の市場全体が落ち込んでいるのだと思います。

## ■なぜ日清「カップヌードル」の広告にはいつも訴求力があるのか？

広告1本つくるにしても、新規獲得を狙うのか、離反顧客を呼び戻すのか、目的を明確にしたうえで、その訴求内容でいいかをしっかりと検証することが大切です。**ターゲットを決めずに、話題性がある、バズる（話題になる）、インパクトがあるという観**

**点で進めてしまうと、その広告がどうあるべきかという「手段の目的化」が起こり、製品・サービスではなくエンターテインメントが主目的となりがちです。**

新規獲得と既存ユーザーへのリマインドをうまく両立させていると感じるのが、日清「カップヌードル」のキャンペーンです。そういう顧客戦略を立てて、狙ってやっているかはさておき（どちらかというと、面白さや話題性を狙っているようにも感じますが）、少なくとも結果としては、二兎追いを実現しています。流行りものや突飛なクリエイティブを使うので、若い世代が興味を持ちます。それですぐに買うわけではないのですが、これまでのように見たことも考えたこともなかった存在ではなくなり、どこか頭の片隅に引っかかって残ります。その後、店頭に行くと大量に陳列されているので、1個買ってみようかと思い、新規顧客が取り込めるのです。

一方、昔のユーザーにとっては、そうした広告よりも、そこで映るパッケージのロゴなどが強烈なリマインダー機能となります。一目でカップヌードルだとわかるので、久しぶりに食べてみようかと思うのです。実際に店舗に行くと、目立つところに陳列されているので、やはり手を伸ばすことになります。

ただし、あまりにもやりすぎると、新規顧客が引いてしまい、既存顧客に対してリマインド機能も果たせなくなるので、その「さじ加減」に注意しなくてはなりません。

**論点24への回答**

**広告だからといって、新規のことをしなければならないと思い込んでいないか？　ブランドを思い出してもらう機能もあると考え、その時々で最適なアプローチをしよう。**

論点25

# 「まずは製品やサービスをつくり、それから伝え方を考えればいい」

コンサルティングをしていても、一番その製品のよさを知っている作り手や、ユーザーのことをよく知る人たちが、「伝える」訴求開発や意思決定に絡んでいない企業が多いと感じます。マーケティング部門はつくり終わったものを販促する部隊だと位置づけられ、「こんな製品ができました。あとは売り方を考えてください」とバトンを渡され、数か月程度でプランを考えるのですが、具体的に、誰に（WHO）、何を（WHAT）売ればいいかがわからず、最終段階で思わぬ問題が見つかることもあります。

たとえば、あるメーカーでは開発部がコーヒーの豆の品種にこだわりがあり、考え抜いて製品のリニューアルを行いました。その後、マーケティング部隊にその広告を考えてもらおうとしたのですが、その段階で、そのこだわりのコーヒー豆を使ったプレミアムラインは、主力のブレンドコーヒーの10％しか売上がないことが判明しました。リニューアル製品として従来品に置き換えるものの、広告しても全体的な売上に与える影響は微小なので、あえて広告しなくてもいいだろうと決定されてしまいました。結局、リニューアル時の製品へのこだわりを十分に伝えられることなく、せっかくの開発努力が水の泡となってしまったのです。

ビジネスである以上、売れなければ意味はありません。マーケティングの担当ではなくても、開発部の担当者が、製品やサービスの企画・設計の段階から、誰に何を訴求し、どう伝えるか、それによるビジネスの効果は、というところまで考えておけば、社内での説得がしやすくなります。**仮にマーケティング部の担当が、製品開発の「あと」のコミュニケーションや販促だけだったとしても、開発部からのバトンを待つのではなく、最初のものづくりから入り込む必要があります。**

**論点25への回答**

**マーケティングは、つくり終わったものを販促することではない。どんな顧客にどんな便益を訴求するか、商品を企画しつくる段階から入り込んで「伝え方」を考えよう。**

解説

# 便益と独自性を紐づける

その製品・サービスに独自の便益があると、顧客に「認識」してもらうことは非常に重要です。

たとえば、田舎には知られざるおいしい老舗の饅頭屋さんがたくさんあります。できあがりの時間に合わせて行列ができるほど、地元では評判が高く、井戸水を使って材料の大豆も厳選するなど、こだわりもあります。ところが、それをしっかりと伝えていないと、単においしい饅頭屋さんでしかありません。それに近いクオリティの製品をほかの人がつくり、こだわり抜いていることを説明できれば、そちらに顧客は流れていきます。

**いざ競合と比較されればじめると、何によってその優位性が成り立っているか、独自性と便益が紐づいた形で認知されていないと、簡単にマーケットは奪われてしまいます。**

逆に、この店だけしか出せない味や特徴があると顧客に理解してもらえれば、一層おいしいと感じるようになり、ほかの店では買わなくなります。

ところで、独自性と便益のつながりは、人によって違うこともあります。ここで注意したいのが、マーケティングでよく使われるフレームワークの使い方です。3C（顧客、競合、自社）で環境分析をして、STP（セグメンテーション、ターゲティング、ポジショニング）を決めて、4P（プロダクト、プライス、プレース、プロモーション）の施策を考えるというやり方は、特定カテゴリーに参入する際の開発や投資の社内議論をするときに多少は役立つものの、**顧客戦略は1つでなければならないとするマス思考の思い込み**につながる元凶です。それでは一部の顧客には響くのですが、取り逃しが多く、無駄な投資になってしまうのです。

## ■ユニクロの夏マスクの伝え方は有効だったか？

便益価値を高める際には、製品力を高めるだけでなく、その製品力をその人の便益として認知してもらうために、ちゃんと伝える努力が非常に重要です。

たとえば、ユニクロのマスクは、発売初日に長い列ができ、たちまち売り切れとなりました。ところが、使用した人の感想を拾っていくと、賛否両論が見られます。素晴らしい品質のものを低価格で提供しているところに価値を感じて買っている人は満足しているのですが、「エアリズムだから涼しいに違いない」という便益を期待していた人は、あまり涼しくないのでがっかりしているのです。

顧客が何をニーズとして持っているかで、その製品のポテンシャルが生きる場合と、生きない場合があります。**その製品がそれぞれの顧客に提供できるベストの便益は1つではありません。それぞれのニーズに合うように訴求をカスタマイズしないと、違うものを評価されて誤解のもととなります。**

私見となりますが、ユニクロの場合、「エアリズム」を強調しすぎた印象があります。3層構造で品質がよいというユニクロ・クオリティを前面に出したほうが、便益を誤解したまま買う人は少なかったのではないかと思います。

ただし、ユニクロは、原材料を大量に仕入れて、大量生産を行うことで、良品を安価に提供しようとするビジネスモデルのため、製品やサービスのリードタイムは非常に長くなります。たとえば、他社とコラボレーションをするにしても、1年前から生産ラインを押さえる必要があり、短期間ではモデルを変えられません。そうした企業が、3か月程度で新製品を出せたのは驚異的です。新しく生じるニーズを見据えて、素早く意思決定し、対応したのであろうことは間違いありません。

論点26

# 「差別化できる要素がなければ、ヒットはつくれない」

既存製品をどうやって売るかを考えるのは、マーケティング部門の腕の見せ所となります。その際には、よいところをうまく引き出し、顧客にとっての買う理由を考えていく必要があります。

ところが、「売り」になる要素が見当たらないこともあります。実際に、ある地方スーパーが直面したのが、まさにそうした状況でした。定番の餃子製品を20年ぶりにリニューアルし、皮を工夫してよりおいしくなったのですが、そこをアピールしても、他の餃子と「売り」が似ていて、たいして印象には残りません。ところが、あれこれ調べてみると、その餃子はそのスーパーが地盤とする県で一番売れている餃子であることを発見しました。それをヒントに「地域ナンバーワンの餃子が、20年ぶりにリニューアル！」という打ち出し方をすることにしました。これなら、ちょっとした事件として、顧客の興味を引けるはずです。なにしろ、その地域にその餃子を食べたことがない人は、ほとんどいないのですから。すると実際、リニューアルと同時にこれまでの2・6倍の売上を記録したのです。

これは製品をリニューアルした例ですが、まったく製品を変えずに、伝え方を工夫しただけで大ヒットになることもあります。

別の地方スーパーが、自社製品のパック入り「味付き煮たまご」の売上が振るわず、悩んでいました。競合品のナショナルブランドと比較しても、半熟か否か、味が濃いかどうかくらいの違いしかありません。安心感があり、何となくおいしそうに見えるという印象だけで、ナショナルブランドを選ぶ顧客が多かったのです。自社製品は手作りしていたので、週に700個しか用意できず、パック詰めの時点で卵が割れて「わけあり品」として激安で処分される比率も高いことがわかりました。

ここで考えたのが、**これまでマイナスと見なされていた要素を逆転させること**です。週700個しかつくれないので、「1日100個限定」と訴求する。ナショナルブランドは機械詰めだったので「手作り」を前面に打ち出す。そして、割れてしまう煮たまごが多いので、「味がしみ込んだ、くずれ煮たまご」と訴求することにしました。その結果、激安処分どころか高い価格でたくさん売れるようになったのです。

**人の心に響くようにうまく伝えれば、まったく同じ製品やサービスでも消費者の受け止め方は変わり、それに伴い、売れ行きも変わります。**また、スーパーやドラッグストアに置かれた製品のうち、広告宣伝されているものは1割にも満たないので、ほとんどの製品は店頭で見て選んでもらうしかありません。つまり、ネーミングとパッケージが唯一のコミュニケーション手段になるので、製品のよさを熟知する関係者全員で知恵を絞って、よく考える必要があります。

**論点26への回答**

**売りになる要素は「つくる」もの。顧客がその製品を「買う理由」は何なのか、徹底的に深掘りしてみよう。**

# 第 5 章

# 戦略策定の誤解

論点27

# 「論理的に考えて戦略を策定すれば、事業は成長する」

企業が成長しつづけるには、継続的に顧客をつくり出し、顧客でありつづけてもらうことが必要ですが、そのためには、自社の強みを生かして、他社にはできない価値を提供することが大切です。

ところが、どうも自社のやっていることは、他社のベンチマークをして、他社がやるからうちでもやろうということばかりだと思ってはいませんか？　それでは、追いつけはしても、永遠に勝てはしません。こうなると、もはや戦略とは名ばかり。上の人にはもっとロジカルに勝てる戦略を考えてほしいと、くすぶっている若手社員は多いかもしれません。

確かに、忙しい中では競合他社に対抗するだけで手いっぱいで、戦略らしい戦略がない会社はいまだに多いと感じます。しかし、ビジネスが伸びていないのであれば、立ち止まって、何をやめて何をするのか、どうすれば勝てるかを真剣に考えたほうがいいと思います。

その一方で、ロジックに頼りすぎることの罠もあります。私たちもコンサルティングをしているので自戒を込めて言うと、論理的に考えれば考えるほど、どのコンサルタントでも言うことはほとんど同じになります。環境分析をすれば、技術が進歩したデジタルの時代である今は、デジタルマーケティングを強化すべしというのが当然の結論です。それは誰でも考えることであり、誰もがやらなくてはならないのであれば、みんな同じです。**言い換えると、論理的に考えた戦略では、ほとんど差がつきません。**

それでも差が出てくるとすれば、どれだけみんなが徹底してやりきるかという実行面と、外部のコンサルタントにはできない部分（顧客を熟知している現場ならではのインサイトなど）が影響します。

## ■あきらめていること、競合が嫌がることをあえて狙う

一例として、マクドナルドの業績が低調だった頃の話をしましょう。このとき、ビジネスを伸ばすために誰もが注目したのは、1日の中で一番売上の高いランチの需要をい

かに伸ばすかでした。論理的に考えれば、一番大きいところを、さらに大きくするのが、一番売上を上げることができる正攻法です。だから、ランチを伸ばす努力はすべきなのですが、それだけでは、他社も同じことを狙ってくる以上、なかなか勝ちつづけていくことはできません。

では、自分たちに何ができるのか。そこは、とことん考えてみるしかありません。**こうしたときにヒントになるのが、みんなが無理だとあきらめているところ、ほかの人がやらないこと、ライバルが嫌がることは何かを考えてみることです。**

マクドナルドの場合でいうと、夜はハンバーガーなど食べない、というのが当時の常識でした。だからこそ、競合もあきらめている夜の需要を伸ばせないかと考えてみたのです。そこで、秘密プロジェクトを発足させて策を練り、「夜マック」を打ち出すことで、需要を掘り起こすことに成功しました。

メニュー開発でも、大きな競合の1つであったコンビニエンスストアにとって代替品となるのは何かを考えました。そして編み出した「スパイシーチキンマックナゲット」はローソンの人気製品「からあげクン　レッド」がヒントになりました。その後に発売された「ごはんバーガー」を考えた出発点も、コンビニエンスストアのおにぎりでした。おにぎりは、コンビニエンスストアで近いターゲットの顧客が求めているものであり、代替ができるとの判断でした。

事業を継続的に成長させたいのなら、論理的に考えたうえで、自社や競合がやってこなかったことを見つけて、勝てる戦略を策定せよ、ということだと思います。

**論点27への回答**

**論理的な戦略は、言い換えれば誰でも思いつく戦略。現場からのインサイト等も活用し、競合がやっていないこと、やられたら嫌なことを探してみよう。**

論点28

# 「戦略を策定したら、あとはそれを実行するだけだ」

企業の戦略は通常、昨日までうまくいったから、今後はこうなるだろうという予測の下に策定します。「コロナ後はこうなるだろう。だから、こんな戦略につくり替えよう」という形をとるのです。

**しかし、昨日発生していた需要が今日も発生しているのは偶然にすぎません。明日、その需要がなくなる可能性は常に存在します。**その時点でベストであっても、状況は日々変わっていています。戦略を決めた段階ですでに環境は変化しているので、実行するまでのタイムラグが長ければ長いほど、その戦略の妥当性や有効性は薄れていきます。

先日も、コンサルティング先のある企業で、立ち上げたばかりの新規事業をどう展開するかをめぐって議論が行われていました。1年前の計画時点とは大幅に環境が変わっていて、当初見込んだ数字目標を達成できそうもない、という意見が多勢でした。ところが、いったん決めたものは変えてはいけないという暗黙の前提があるらしく、目標と戦略を変えようという声はどこからも出てきません。誰も確信を持てないまま、絶対に達成できない目標に向かって必死に仕事をするのは、すこぶる非生産的です。

ここで考えてみたいのが、駅前のたこ焼き屋さんです。たこ焼き屋の店主は特にたいそうな戦略を立てたりしていないかもしれません。しかし、天気予報で明日大雨になるとわかっていれば、仕入れる量を減らしたり、店を早めに閉めたりする。あるいは、安い傘を仕入れて売ることもあるかもしれません。たこ焼き屋だからといって、たこ焼きに縛られず、暑ければドリンクやかき氷を販売するのもよし。そうやって状況に応じて柔軟に対応すれば、繁盛店をつくることができます。

顧客に何かを提案する場合、直近の情報で判断するのが一番的確です。1年前にたこ焼きの材料を仕入れることがナンセンスなのは、誰の目にも明白でしょう。ところが、こと大企業となると、それに近いことが行われています。過去の実績と予測に基づいて戦略を立案し、それを律儀に実行しなくてはならない。**「戦略」とか「計画」という言葉にがんじがらめになっているのです。**

もちろん、何の戦略も立てなければ、組織としてうまく動けません。しかし、いったん戦略を立てたとしても、それに固執する必要はないのです。優秀な社長ほど、朝令暮改で言ったことを守らず、変更したりするものですが、これは変化する環境においては正しいやり方です。**少なくとも、戦略は立てた瞬間に陳腐化していくので、今の状況においても過去に立てた戦略が正しいかどうかは、定期的に見直したほうがいいのは間違いありません。**さらによいのは、1つの戦略を立てて終わりにするのではなく、その予測が外れたときに、どの時点で何を判断するかも考えておくことです。

**論点28への回答**

**いったん立てた戦略は何が何でも実行しなければ、とがんじがらめになっていないか。事業環境は予測できないもので、あらゆる戦略は立てた瞬間に陳腐化する。勝ちつづける能力の1つは、常に変化に対応できる柔軟性である。**

論点29

# 「マーケティング戦略とは、4Pを考えることだ」

大学やビジネススクールのマーケティング科目で必ず教わるマーケティングの定石、それが4Pです。Product（プロダクト：製品）、Price（プライス：価格）、Place（プレース：流通）、Promotion（プロモーション：販売促進）をうまく組み合わせて、整合性のある戦略をつくることがマーケティング部門の役割だと規定している企業も多いのではないでしょうか。

社内の人々を説得したり、大人数で同じ考え方を共有したりするプロセスでも、こうしたフレームワークを使うと非常に便利です。

**しかしその一方で、4Pには本書でもさんざん語ってきた肝心の「顧客」がありません。マーケティングを顧客戦略の重要性から引き離して、単なる戦術や手法論に閉じ込めてしまった元凶の1つが、この4Pではないかと考えています。**

4Pはもともと1960年にアメリカのマーケティング学者、ジェローム・マッカーシーが提唱した分類です。マーケティングの手法が多様で複雑になってきたので、「最も重要である消費者（顧客）に向き合うために」、4つの要素に整理してシンプルに考えましょうという趣旨で考え出されました。このため、原文のチャートを見ると、4Pの真ん中にConsumer（消費者）のCが入っています。

その後、フィリップ・コトラーが著書でこの4Pを紹介したことで、より多くの人に知られるようになりました（ちなみに、コトラーはこのとき、4Pに人員（People）、プロセス（Process）、物的証拠（Physical Evidence）を加えた7Pを提唱しています）。世界的なベストセラー『マーケティング・マネジメント』を見ると、顧客や消費者理解の重要性は語られているのですが、4Pはあくまでもマーケティングミックスとして示そうとしたのか、マッカーシーの図にあるCを抜いた形で紹介されています。これが世の中に広く普及した結果、マーケティングの施策を考えるときに、なぜか顧客の視点が抜け落ちて、4Pだけが重点的に語られるようになったのです。

日本企業の間で4Pという考え方が浸透しはじめたのは、1980年代からです。当初はまだイノベーティブなもの、新しいサービスが生まれていた時代だったのですが、

**90年代半ば以降、誰（WHO）に何（WHAT）を提供するかという、新しいものを創造する世界から遠ざかり、他社がどんなマーケティング施策を打っているか、では自社はどんな打ち手にするか、という方法論（HOW）に終始するようになります。**

さらに、デジタル、インターネット、モバイルと出てくると、HOWに関する知見や選択肢が増えて、どんどん複雑化したこともあり、マーケターの意識もそこに集中していきました。こうして顧客という主語のない4Pで、拡大方向に突き進んでいったのです。その意味では、単なるマーケティングのHOWのミックスでしかない4Pがマーケティングの看板だと誤解された影響は大きく、日本企業の失われた20年をつくった1つの理由だと思います。にもかかわらず、今現在でも多くの大学の「マーケティング講座」や、いろんな「マーケティング初心者のための解説」といった記事などで、この4Pが「マーケティングの基本」として出てくるのは嘆かわしいことです。よしんば4Pを設計する際にSTP（セグメンテーション、ターゲティング、ポジショニング）を議論したとしても、Sについて1種類の最小公倍数的なマス顧客群を定義することに主眼が置かれてしまい、1人1人の顧客の差異を見ていないことが多いのです。

ひるがえって、日本や世界で成功している企業を見ると、どのような顧客にどういうサービスを提供するかという、WHOとWHATからすべての事業をスタートさせています。**WHOとWHATが定まって、その組み合わせを実現するために結果的にHOWが決まる。この順番を絶対に間違えてはいけません。**

**論点29への回答**

**マーケティング戦略は、4Pさえうまく設定できていればうまくいくというものではない。顧客の視点を導入し、長年、誤用されてきた4Pの呪縛から抜けだそう。**

解説

# 顧客戦略——1人の顧客から始める

**マーケティング戦略を考えるときには、常に顧客からスタートします。**具体的には、次に買っていただきたい自社の製品、自社のビジネスを紹介したい人は、どこに住んでいる誰なのか。具体的な名前を持つ1人を選んで考えてみるのがポイントです。

その人の好みを知ることで、この製品の便益をどうすれば感じてもらえるか、どうすればほかでは得られない独自性を見出して選んでもらえるかがわかってきます。そのうえで、その人がテレビばかり見ているならテレビ広告を使う、テレビをまったく見ないならほかの手段を使うというように、HOWを考えていけばいいのです。

このように、WHOとWHATを起点にして、その人の生活習慣、仕事習慣、価値観、タッチポイント、メディア習慣からどのルートで伝えたらいいかを考えていくのが、著者の1人である西口が著書『たった一人の分析から事業は成長する 実践 顧客起点マーケティング』の中でも紹介している顧客戦略です。

具体的な個人（N1）から検討を始めますが、当然ながら、その1人だけで終わってはビジネスとして成立しません。何万人、何十万人、何百万人規模に拡大するためには、その1人に近い好みや価値観を持った顧客がどれだけいるかです。適切に設計した定量調査で、どれだけの人が買ってみたいと思うかというコンセプトテストをすれば、どれだけの人に響くのかを量的に把握できます。

その数が非常に少ないのであれば、また別のN1を分析し、違うタイプの顧客像を明らかにします。詳しく調べていけば、N1と同じようなメッセージが響き、同じようなメディア環境にある人々が必ず見つかるはずです。

その後、全体で数百万人のマーケットであれば、同じような反応をする顧客をセグメントに分けて、それぞれについて訴求内容や伝える手法を考えていきます。5つのセグメントが見出されれば、5つの顧客戦略があるはずで、それぞれに適した手法の組み合わせができます。

ところで、「過去に成功体験はあるものの、たまたま自分の欲しいものと顧客が欲しいものとが一致していたにすぎないマーケター」は、決め打ちした施策がたまたま顧客の思っていることと一致すれば成功しますが、外れると思いきり外してしまう傾向があります。一方、「顧客起点で考えることが身についているマーケター」は、必ず今の顧客を見るところからスタートします。というのも、自分自身は顧客から遠いところにいて、よく理解できていないという危機感を持っているからです。

今この瞬間にも、世の中の顧客の行動やメディア環境はものすごいスピードで変わりつづけているので、自分の信じる世界観、自分が考えているメディア環境はどんどん古くなっていきます。**だからこそ、今目の前にいる顧客を起点に考え、学んでいかないと、大きくずれてしまうかもしれないという恐れを持つことは、すべてのマーケターにとって必要な姿勢だと思います。**

論点30

# 「扱う商材が違うから、異業種のマーケティング事例は参考にならない」

マーケティング研修やマーケターの講演に参加したとき、

「話を聞く分には面白いけれども、自社の製品やサービスとはまったくかけ離れているので、実務の参考にはならない」

「それよりも、同じカテゴリーで戦っている同業他社が何をやっているかを研究し、対抗策を考えることに時間を使ったほうがいい」

と感じたことはないでしょうか。

**実はまったく逆で、同じ業界は見ないことをお勧めします**。なぜかというと、同じ業界の競合他社のやっていることを見ると、つい真似したくなってしまうからです。もちろん、重要な点であまりにも大きな差がついて負けるようなことがあってはならないので、まったく見ないという意味ではないのですが、「こんなマーケティング施策で成功した」という同業者の事例を真似ても、顧客から見れば、二番煎じ、三番煎じでしかありません。**同業他社を見ていても、新しいイノベーションは起こらないのです。**

そもそも、他社の成功事例をそのままそっくり持ってこようという考え方ではうまくいきません。というのは、製品を売る方法は商材が違えば異なる可能性が高いからです。そもそも同じ商材でも効果的な方法とそうでない方法があります。したがって、一番重要なのは、どんなニーズやインサイトを持つ具体的な顧客に、競合から得られない独自性のある便益を提供するかという顧客戦略（WHO、WHAT）をまず考えること。そのうえで、それを実現する方法としてのHOWを導き出します。HOWの選択肢はたくさんあるので、最初の顧客戦略が明確でないと、迷走してしまいます。

**HOWの引き出しを増やすためにお勧めなのが、同業ではなく異業種を見る、もしくは、自分の消費者としての感覚を研ぎ澄ませて、いいと思うものに着目すること。それを自分の会社に当てはめて、何ができるかと考えてみるのです。**

たとえば、マクドナルドの「三角チョコパイ」はもともと黒いチョコが中に入ったパイでした。黒があるなら白があってもいいと思ったことから、三角チョコパイ白と黒、三角チョコパイあまおう（イチゴ）と黒と、色を対比させた形でどちらがおいしいかといった季節限定キャンペーンを実施するようになりました。このときに参考にしたのがお菓子業界です。ブルボンの黒のアルフォート、白のアルフォートと、色で対比させたパッケージが印象的だったので、これを導入したらどうなるかと考えました。

また、2017年に行われた「マクドナルド総選挙」というキャンペーンでは、「肉が倍になる」といった「公約」を掲げたレギュラー品の中から、好きなバーガーに投票してもらい、優勝した製品は公約を果たすという仕掛けを使いました。ここでヒントにしたのが、ファンが投票して選抜メンバーを決める、AKB48の総選挙です。世の中で流行しているものを見わたして、これをマクドナルドでやってみたらと発想を広げたのです。すると、推薦コメントとともにユーザーや製品の写真がネット上にどんどん投稿され大いに盛り上がり、売上増進に役立ちました。

**論点30への回答**

**同業他社ばかり見ていても、イノベーションは生まれない。新しい打ち手のヒントは、自社から遠い異業種の事例にこそある。**

論点31

# 「新しい製品やサービスを次々に出さないと、売上は伸びない」

日本の消費者は飽きっぽいから、新しい製品やサービスを短いサイクルで絶えず出しつづけないと、売上は頭打ちになるという考え方が企業には根強くあります。

コンビニエンスストアには新製品が次々と投入され、書店の店頭にはいつもさまざまな新刊本が並び、自動車も発売して1年でマイナーチェンジを加えるなど、モデルチェンジを頻繁に行います。

ひるがえって海外市場を見ると、同じブランド、同じサービスで、ビジネスを伸ばしている業態はたくさん存在します。おそらく日本では新製品の数が圧倒的に多いから、余計に新しいものを出さないと売上が伸びないように見えてしまうのかもしれません。

新製品に取り組むと、社内でも盛り上がって支持されやすいので、より新製品をどんどん投入しようという方向に進む傾向もあります。また、どのマーケットにも新しい製品を好むイノベーター層が一定数いるので、少なくとも当初は売りやすいのも事実です。

その一方で、新製品の売上や利益への貢献度を見ると、それほど大きくないというのが実態です。たとえば、コンビニやファストフードで、毎月のキャンペーン品の売上は、多くても全体の2割程度。それよりも定番品と呼ばれるものを伸ばさないと、売上や利益は非常に厳しくなります。

**ところで、新しいことは本当に価値と言えるのでしょうか。「ＮＥＷ」とついたパッケージをよく見かけますが、これだけ新しいものがある日本において、新しいだけでは何の価値も伝わりません。**パチンコ店はよくリニューアルすると伸びると言われていますが、実際に新規顧客が増えているわけではありません。リニューアル当初は、キャンペーンで玉の出がよくなるから、みんなが来るだけです。

新しく「ここがよくなった」という具体的な訴求内容があり、それが新しい顧客に便益として響いて、ビジネスが伸びていかなければ、リニューアルする意味はありません。

## ■「全体のマーケット」を本当に把握しているか？

コンサルティングをしていて感じるのは、多くの潜在顧客を取りこぼしたまま、新たに製品やサービスを次々と打ち出し、その企画や実行のために工数や人員をかけ、各製品やサービスで獲得した顧客をつなぎとめるためのコストがかさみ、全体として利益率が落ちていくケースが多いことです。まだ10倍、100倍と成長できるはずなのに、頭打ちかもしれないと誤解している製品やサービスが世の中のほとんどなのです。

**その原因は、既存の製品やサービスが本来視野に入れるべきマーケット全体を見ていないことにあります。**つまり、その製品が100%のシェアをとったら、顧客の数は何人なのか。既存の製品やサービスで獲得できる潜在的な顧客はまだどのくらい残っているのか。本当に新製品や新サービスでなければ、潜在顧客は獲得できないのか。そういう検証が十分にされていないのです。

これは**TAM（Total Addressable Market）**という考え方で、その製品やサービスで獲得可能な市場規模を指します。しかし、コンサルティングに行くと、もともとのターゲットマーケットを設定していない、あるいは、その規模感を把握していないケースが非常に多く見られます。**もう市場が伸びない、限界だと言う割には、実際にとれている**

**シェアは全体の数%にも満たなかったり、認知率も数%だったりします。言い換えると、マーケット全体での、自社の製品やサービスの立ち位置が見えていないのです。**

TAMを把握していないということは、顧客をよく見ていないとも言えます。本来は、その商品を提案したら喜んでくれる顧客が存在するにもかかわらず、提案していない状態であきらめているからです。

一方、そこにチャンスを見出して大胆な投資をすることで、後発企業が逆転する状況もあります。フリマアプリのメルカリや印刷シェアリングサービスのラクスルは決して先行していたわけではありません。しかし、1番手のプレイヤーが築いた城以外に大きな荒野が広がっていることに気づいて攻め込み、いつの間にか1番手を追い抜き、カテゴリートップのブランドになっていました。

**こうした逆転劇からわかるように、自分たちによく見える狭い範囲だけを切り取り、そこで売上が伸びなくなるとあきらめて、新製品の開発に活路を見出すやり方には、大きな機会損失があります。**未認知の顧客はどれだけいるのか、その顧客にはなぜ認知されていないのか、認知されているが購買しない顧客は何人いて、なぜ購買しないのかと、マーケット全体を見ながら戦略をつくれば、もっとチャンスは広がります。【論点

26】に挙げた煮たまごの例のように、まったく同じ製品でも、違う要素を訴求すれば、まったく新しく見えることだってあるのです。

**論点31への回答**

**現在のマーケットはもう限界だと決めつけて、新製品にしか活路はないと思い込んでいないか？　実際のマーケット全体の大きさを、常に確認するようにしよう。**

解説

## ライフタイムバリューを顧客セグメントごとに見る

プロダクト・ライフサイクル論は、製品やサービスが市場に投入されてから打ち切られるまでのサイクルを導入期、成長期、成熟期、衰退期に分類し、売上や利益、マーケティング課題の変化などを捉えやすくしたものです。

同じく、長い時間軸で捉えたものとして、**ライフタイムバリュー（生涯価値、LTV）**という概念も、事業戦略を考えるときに非常に重要になってきます。企業が得られる利益はすべて既存顧客から得られるものであり、新しい顧客を獲得するための行為はすべて費用の持ち出しとなります。

しかも、顧客を得た瞬間にすぐに利益が出るビジネスはほとんどなく、ある一定レベルで使いつづけてくれないと損益分岐点に達しません。たとえば、仮に売上高1万円で粗利が3000円の商品がある場合、表面的には利益が出ているように見えますが、実際に利益が出ているかどうかはわかりません。その1万円の購買を獲得するために実際には5万円の費用がかかっていたりする可能性があるからです。5万円を回収するためには、何度も購買してもらう必要があります。

**ライフタイムバリューは、時間軸を延ばして累積したものを指しますが、どれだけの期間で初期投資を回収できるかは、残存率、購買頻度、購買額の掛け合わせで決まります。**たとえば5万円を回収する際に、ある顧客グループは1年で回収できることが見えたら、それを見込んで事業計画をつくる。さらに別の顧客グループは2年だとすれば、短期で投資すべきことと、中期で投資すべきことの割合が決まってきます。

単年度の利益を管理するために、今年は大赤字で来年に大きく黒字化する事業計画にするのか、今年も来年もそれなりの利益を出しながら粛々と成長させるという事業計画にするのか。このように、短期だけでなく中長期の視点も入れて考える必要があるのですが、コンサルティングの仕事で各社のマーケティング計画や投資計画を見ていくと、すべて単年度ベースで、顧客を一律に捉えているケースがほとんどです。

さらにいうと、そういうケースでは、今の顧客の残存率を上げるのか、1回の購買額を増やすのか、新しいものを買ってもらうのかといった区別もされていません。既存顧客にさらに喜んでもらう施策を考え、それを新規顧客にも展開した結果、新規獲得がまったくできないという結果に陥りやすいのです。

実は、若年層をターゲットにデジタルメディアなどを使って獲得したデジタル系の製品やサービスの顧客は、比較的早期に獲得コストを回収できる傾向がありますが、中長期で延ばしてみると、スマホゲームを除けばライフタイムバリューは意外に大きくなりません。というのは、デジタル系のビジネスやサービスは便利でアクセスも容易であるがゆえに、スイッチングコストが小さく、抵抗感もなくほかのサービスに浮気しやすいからです。

一方、デジタルメディアではなかなかリーチできない年配層の方々は、獲得コストは非常に高くなります。テレビや新聞広告といった多額の費用がかかるメディアを使ったりしなくてはならないうえ、反応も弱く、説得にコストがかかるからです。しかし、ひとたび顧客になってくれれば、なかなか離れないので、長期で見るとライフタイムバリューが大きかったりします。

したがって、収支計画を立てるのであれば、短期的に回収を目指してデジタルで獲得できる顧客獲得プランと、中長期のＬＴＶ利益最大化を目指した獲得プランを組み合わせ、２年目以降も視野に入れて、どこに何をどれだけ配分するかを慎重に検討する必要があります。

繰り返しになりますが、**「複数」のＷＨＯとＷＨＡＴを考え、時間軸も加味しながら、適切なＨＯＷを考えていく。これが戦略を立てるときの鉄則です。**

論点32

# 「自前主義はもう古い。異業種コラボレーションを積極推進すべきだ」

ほとんどのブランドは自社ブランドにほかのブランドが入ることを嫌いますが、全部を自力でやろうとする必要はありません。たとえば、キャッシュレス決済をめぐって、さまざまな小売企業が独自の電子マネーや「〇〇ペイ」を打ち出そうとしましたが、本当に自社でやるほうがよかったのか、NTTドコモなど異業種と組んで、分業する道もあったのではないか、とも感じました。顧客から見れば、重要なのは、どこと組んでいるかではなく、何が便益として得られるかだけです。

**他社との協業は難しいのですが、異業種であればコラボレーションがうまくいく場合があります。**たとえば、マクドナルドは森永製菓と組んで、「マックシェイク 森永ミルクキャラメル」という製品を出したことがあります。歴史のある強いブランドを築いている製品は、製品名だけでどんな味か想像できるので、顧客とコミュニケーションをするときに味の説明をしなくてもいい、という大きなメリットがありました。

2020年6月に始まった、ローソンと無印良品のコラボレーションも相性がよさそうです。もともとコンビニの文具は無名のナショナルブランド品しか置いていません。特に地方に行くと、無印良品が店舗展開していないので、従来品に代わって無印良品の文具が置かれるようになれば、従来品よりも単価が高くても、欲しいと思う人がいる可能性があります。

とはいえ、あくまでも自分たちのサービスを魅力的にするために、ほかと組んだほうが自社でやるよりいい場合があるというだけであって、異業種とのコラボレーションがどんなときでも必須ということではありません。**ターゲット顧客を起点に考えて、そこに新しい便益や独自性が生まれる可能性があるかどうかを見極める必要があります。**

## 論点32への回答

**自前主義にこだわりすぎるのも問題だが、顧客不在の無駄なコラボを追い求めていないか？　ターゲット顧客を起点に考え、自社サービスとシナジーのありそうなコラボレーションの道を探ってみよう。**

論点33

# 「品質や精度を高めるよりも、とにかくスピードが大事」

顧客ニーズ、競合の顔ぶれも含めて、環境が急速に変わりつづける中で、いかに早く対応できるかは、確かに重要です。

**ですが現状は、品質や精度にこだわるよりもスピーディーに世の中に投入することを選ぶか、じっくりと時間をかけて品質と精度を高め、スピードを犠牲にするか、という二択ではなくなっています。**

以前と違って、デジタル時代の一番のポイントはPDCA（計画、実行、確認、改善）を高速で回せることにあります。以前のようにハガキでフィードバックをもらうやり方と違い、インターネットの発達により便利かつ迅速にコミュニケーションが取れるようになったので、スピーディーに製品を出しながら、顧客と一緒に品質や精度を高めていくことが可能になっているのです。

業界によってもちろん程度の差はありますが、インターネットサービスの業界ではあえてベータ版（未完成）のままリリースし、顧客と一緒に改善していく、というやり方をすることもあります。

したがって、品質や精度を高めるためにもスピードが大事であり、さらにいうとPDCAを回しつづける回数が重要になってきます。

**論点33への回答**

**品質かスピードかという二者択一的な議論はもう過去のものだ。PDCAを高速で回しつづけることで、その両方を同時に実現しよう。**

論点34

# 「マーケティング人材を採るなら、他社でマーケティングを経験した人がいい」

マーケティング組織をつくろうとする場合、よい人材がなかなか採れないという悩みをよく聞きます。

その理由は大きく2つあります。まず、日本の上場企業を見ていくと、営業部はほぼどの企業でもありますが、マーケティング本部が置かれているのはせいぜい2〜3割程度。マーケティングという職種についている人材の絶対数が意外に少ないのです。

さらに、マーケティングという言葉自体が曖昧なので、経営企画や営業部門が、マーケティングという名前がついていなくても、マーケティングの機能を担っていることがあります。あるいは、マーケティング部門が置かれている場合でも、すでにある製品やサービスの販促を強化して、売上を増やすことがミッションであり、いわゆる4Pやデジタルの施策を考えることが主業務となっていることがあります。つまり、マーケティングが本来考えるべきである「顧客を定義し、どういう価値を提案して事業をつくるのか」という役割を担っていないことが非常に多いのです。

**このように、マーケティングの定義が曖昧なため、マーケティングの経験がある人を採用しても、販促や広告などの一部機能しか経験していない、売上や利益の責任を持ったことがないなど、期待するスキルを持っていないことが頻発します。**ある製品やサービスのマーケティング責任者に最適な人材は、スキルベースで考えるならば、もしかするとベンチャーを立ち上げた起業家や事業部長などで、必ずしもマーケティングの経験者ではないのかもしれません。

ところで、マーケティングに限らず、優秀な人材を大勢採れれば、ビジネスはうまくいくと思っている方にぜひ読んでいただきたいのが、『ベスト&ブライテスト』(デイヴィッド・ハルバースタム著)という本です。ケネディ政権の話をはじめとして、あれだけ優秀なメンバーを集めたアメリカの企業や組織がなぜ負けつづけたのかという事例が多数紹介されています。

実際に、一流大学卒の優秀な人材を揃えた企業が不正事件を起こして倒産する例もあれば、野武士集団が世界に誇る企業になっている例もあります。**優秀な人間を集めても**

**優れた成果を出せないのは、やはり人間の集まりなので、内部政治、思惑、忖度が働き、必ずしも正しい意思決定ができないからなのです。**

したがって、優秀だとされるマーケターを大勢集めた組織だからといって、必ずしもマーケティング活動がすべてうまくいくわけではないことは間違いありません。

**論点34への回答**

**優秀なマーケティング人材を採用すれば、マーケティングがうまくいくわけではない。スキルベースで欲しい人材像を明確にしておけば、意外なところから見つかることもある。**

論点35

# 「みんなでバリューを考えれば、会社のカルチャーを変えられる」

若いベンチャー経営者などの相談を聞いていると、人がどんどんやめていって、どうも会社の雰囲気がよくない、会社のカルチャーを変えたい、という話が出てくることがあります。そこで、社員全員で会社のバリュー（大切にする価値観）をつくろうと試みたりするのですが、だいたい根づきません。なぜなら、経営者の人間性と価値観、よし悪しの判断基準はその人の言動や行動に表れるもので、そうしたトップの価値観を行動に落とし込んだものこそが会社のカルチャーになるからです。

**カルチャーとは、何をよしとし、何を許さないかという価値観が普段の行動に落とし込まれたものです。**経営層の言動を見て、嘘をついてもいいんだなという価値観が少しでも透けて見えれば、会社全体のカルチャーはそちらへ傾きます。透明性が大事だと言いながら、トップが情報をコントロールしたり、オープンであることを好まない態度をとったりすれば、みんながそれを読み取り、率直に語るようなカルチャーにはなりません。

カルチャーを変えようと取り組むとき、具体的に何をどう変えたいのかが漠然としがちです。**カルチャーを変えることで何をしたいのか。社内のコミュニケーションをよくしたい、効率を高めたいなどの目的を明確にしたうえで、どの方向性で何を変えればいいのかを考えていく必要があります。**

## ■マクドナルドのお茶目なカルチャーを取り戻す

たとえば、マクドナルドの売上が悪化していたとき、社内ではみんな一生懸命、売上を挽回しようと必死で、真面目なキャンペーンしか許されないような雰囲気になっていました。当然、面白さを打ち出す余裕なんてありません。

しかし考えてみれば、マクドナルドのアイコンのドナルドはピエロであり、昔の「味なことやるマクドナルド」というCMコピーに代表されるように、お茶目なカルチャーがあったはずです。それがいつの間にか封印されてしまっていたのです。そこで、自分たち自身が楽しくやらないといけないと思い、服装をカジュアルにし、オフィスを新しく・明るくし、何よりも面白おかしいキャンペーンを成功させることに注力しました。

最初に成功事例を示せば、そういうことをやってもいいのだと、周りは理解するのです。

**カルチャーを変えるときには、望ましいカルチャーを実戦している人たちが褒められる、社内で認められる、いい待遇が受けられるという状態に持っていくことも大切です。**よくカジュアルデーなどを設けている企業がありますが、蓋を開けると、みんなカジュアルどころか、スーツでネクタイをしていないだけだったりするのは、服装をカジュアルにしても特にいいことがないからです。Gパンとスニーカーのほうがメリットがあるという実感を伴わなければ、みんなは基本的に変わりたがりません。逆に、マジョリティの法則で、8割の人はそちらのほうが自分にとって得だと思うようにできれば、みんなの行動は変わっていきます。

**論点35への回答**

**カルチャーは、ボトムアップでは変わらない。社内マーケティングの要領で、上から下へと浸透させることが重要だ。**

論点36

# 「新興の弱小プレイヤーなんて気にしていられない。カテゴリーキングを目指すべきだ」

世界最大のホテル会社は1軒もホテルを持たないエアビーアンドビーであり、世界最大のタクシー会社は1台もタクシーを持たないウーバーである時代です。「業界」の定義はだいぶ様変わりしました。破壊者はどこからやってくるかわかりません。その意味では、**確かに、同業他社をベンチマーキングしているだけでは今後の流れを見誤るでしょう。**

破壊的イノベーターの例として思い浮かぶのは、やはりアマゾンです。1990年代まで米国で書籍店舗チェーン1位の老舗（1971年創業）のバーンズアンドノーブル（以下B&N）と2位のボーダーズ（1971年創業）は、クレイトン・クリステンセン教授が提唱した概念「イノベーションのジレンマ」をまさに超えられませんでした。

アマゾンの誕生は1994年。それ以前からアメリカの書籍小売は価格競争が激しく、B&Nとボーダーズは、どちらかがハードカバーの書籍を20%割引すると、もう一方も追随するという価格競争を展開していました。大型書店では大量在庫を引き受けられるため、バイイング・パワーを武器に出版社と直接取引し、大幅なディスカウントを引き出すことで値下げが可能でした。この中に割り込んだのがアマゾンであり、三つ巴となって最高割引率でしのぎを削るようになったのです。

アマゾンは100万種類以上の書籍を取り扱っていましたが、シアトルの自社倉庫にあるのは2000種類程度。トヨタで有名な「ジャスト・イン・タイム」方式を参考にし、注文が入ると取次業者や出版社に発注をかけることでコストを圧縮していました。つまり、在庫を持たないことでコストを圧縮しつつ、在庫管理の優れた取次業者との流通インフラを整えることで価格競争の継続を実現していたのです。

2000年代前半になっても、アマゾンの書籍売上高は老舗2社に遠く及ばず、利益も出ていなかったので、たいした敵とみなされていませんでした。リアル書店の強さは変わらないと思われていたこともあり、B&Nは「くつろげる書店」というコンセプトを掲げて、大型店舗内でスターバックスのカフェコーナーを設けたり、無料Wi-Fiを拡充したりしていました。一方、ボーダーズはB&Nしか目に入っていなかったため、対抗してシアトルズベストコーヒーのカフェを営業しはじめましたが、売上は減少しつづけました。まさにクリステンセン教授の言う、既存の強みと常識に囚われた状態です。また、ボーダーズは2001年から2008年まで、オンラインでの書籍販売業務をアマゾンに委託していたのですが、これはまさにアマゾンを敵とみなしていなかった証左です。

一方、アマゾンは電子書籍リーダー「キンドル（Kindle）」を開発して2007年に発売し、コンテンツも提供しはじめました。B&Nも対抗して独自の電子書籍リーダーの「ヌーク（NOOK）」2年遅れで投入しましたが、時すでに遅し。その間にも、アマゾンは既存の書店にとって物理的制約である国境を越えて世界展開し、書籍以外のカテゴリーを拡充させ、デジタルならではの規模の経済を働かせて、書籍だけでなくさまざまな流通を押さえていきました。

こうして、アマゾンに大きく水をあけられた結果、2011年に、B&Nは歴史あるニューヨーク五番街店を閉鎖し、ボーダーズは経営破綻しました。B&Nもその後ファンドに買収され、改革に取り組んでいるものの現在も苦戦中です。

## ■競合の打ち手よりも、競合の顧客の変化を見逃すな！

ここまで長々と顛末を紹介してきたのは、B&Nやボーダーズに当時、何ができたかという思考実験をしてみたいからです。もしも同じような場面に遭遇したら、何をすべきなのか。「取るに足らない」と思われる新興企業やビジネスが出てきたら、どう評価すべきか。そもそも取るに足らない存在は、経営陣の視野に入らないため、どうすれば潜在的な破壊者に気づけるのか。

新しい技術やサービスやアイデアは日々、世界中で生まれつづけています。しかしそのほとんどが、本当に「取るに足らない」存在で、既存ビジネスに大きな影響を及ぼす前に消えていきます。その1つ1つを追いかけて、評価しつづけるのは現実的ではありません。

**ここでヒントになるのが、顧客の行動や心理の変化です。**自社ブランドを長らく使用してくれていた顧客が突然、離反する。これ自体は一定割合で起こるもので、通常は次に買うのは他社の類似製品でしょう。しかし、離反顧客が主要な競合製品を買っていない可能性もあります。顧客が次にどんな購買行動をとり、どんな代替手段を使っているのか探ることで、潜在的な破壊者の存在に気づける可能性が出てきます。

B&Nとボーダーズの例でいうと、両社から離反した顧客が、アマゾンでどんな購買行動をして、アマゾンのどんな点を評価し、なぜリアル店舗を使用しなくなったかという心理分析をすれば、巨大な破壊者のリスクが見えたはずです。離反者の割合を定期的に調査していれば、増加していく様子がつかめ、リアル店舗の強みだけではアマゾンの脅威に対抗できないことにもっと早く気づけたでしょう。

**やみくもに新しい技術やベンチャーを評価するよりも役立つのが、第2章で紹介した9セグメント・モデルを使った分析です。**通常のように、現在の自社と競合の機会と課題を分析して顧客戦略を考えるだけでなく、主要な競合とのオーバーラップ分析も行います。

具体的には、まず自社の顧客のうち、競合の製品やサービスを併用している人はどのくらいいるのかを調べます。そして、その人たちは、競合の顧客の中で9セグメントのどこに該当するのか確認します。そこから離反顧客をセグメント化し、その行動変化の裏にある心理を洞察することで、「潜在的な破壊者」のリスクを定量的かつ定性的に評価できるようになります。これを定期的に実行すれば、見えにくかった潜在的破壊者による将来のリスクが判定できるようになります。

さらに、それを組織全体で共有すれば、イノベーションのジレンマを超えていくことも可能になります。

**論点36への回答**

**競合だけを見ていても、イノベーションは生まれない。いま弱小と侮っているようなベンチャー企業が起こしている顧客の変化に着目しよう。**

# 第6章

# アフターコロナのマーケティングで何を考えるべきか

論点37

# 「コロナ禍で商売が大打撃を受けた。もう値引きするしかない」

都市封鎖や外出自粛によって消費者の生活習慣や購買行動が変化した結果、売上を大きく落としたビジネスはたくさんあります。売れないときには値引きするしかないと、安さを前面に打ち出す製品や店舗も目立ちました。

もっとも、「安ければ売れる」、「うちは競合品よりもいつも若干安くしているから、競争力がある」という考え方は、コロナ前からも根強く存在してきました。とはいえ、1000円のものを20円値引きすれば、利益も20円目減りします。自ら価格を引き下げるということは、自ら製品の価値を下げていることと同義で、間違いなくじり貧になるパターンです。

さらに残念なのが、せっかく値引きをしてもお得感を出せない場合です。たとえば、1000円のものを20円値引きしても、たいしてお得な印象になりません。これが

300円安いならば違ってくるかもしれません。つまり、価格の転換点、弾力性がどこにあるかを見極めてから値下げしないと、無駄に利益を下げることになってしまうのです。

価格競争をしてもいいのは、かつてのデルコンピューターのように、低い価格でもちゃんと利益がとれる構造があるプレイヤーだけです。それ以外の企業は、価格でアピールするのは本当に最後の手段です。

そして、やるなら短期に留めなければなりません。事前にテストをして、どのくらいの値段で顧客がどう反応するか、つまり、売上の変化をある程度、見極めたうえで実施しないと、単純に利益を減らして死んでしまうハイリスクな戦術なのです。

**それよりもお勧めしたいのは、価格を上げて、価値を高める方法を考えることです。顧客（WHO）と、その製品やサービスが提供する便益と独自性（WHAT）を再定義するのです。**

たとえば、最近はダイナミック・プライシングとして、かなり柔軟に価格を変えるやり方も増えています。飛行機やホテルは早く予約すれば安くなり、需要があると高くなるのは、みんな理解しています。ネット上であれば毎分価格を変えるようなことも可能です。価格そのものをフレキシブルに変えることで、顧客満足度と自社の収益性の両方を上げる方向を考えてみることも1つのやり方です。

**論点37への回答**

**その商品、本当に「安ければ売れる」のだろうか？　顧客と便益の組み合わせを変えずに、価格でアピールするのは最終手段と心得よう。**

解説

# コロナがマーケティングにもたらした5つの影響

【論点1】で述べた通り、変化そのものはコロナの前も後も起こりつづけています。ただし、今回の世界規模の危機を通して、留意すべきことや、実際にコロナで変わったこともあります。今後のマーケティングを考えていく際には、この5つの影響を頭に置いておく必要があります。

## ❶今回のコロナにより、何かが「変わった」ように見えるのは、実は今まで起こっていた傾向が加速しただけ、ということ。

たとえば、これまでも若い人たちは服を買わなくなっていましたが、在宅勤務が増えて、みんながカジュアルな服装で働くようになれば、スーツを買う必要がなくなり、以前にも増して服装にお金をかけなくなります。また、キャッシュレスやECも普及にはもう少し時間がかかると考えられていましたが、今回一気に利用が増えました。

とはいえ、【論点1】で説明した通り、こうしたこともずっと続いていた既定路線が加速したのであって、これまでとはまったく違う、断絶が起こったということではありません。なので、常日頃から顧客に起こっている変化に目を配り、対応し、必要なら大きな「加速」に備えて準備しておかなくてはなりません。

## ❷何を大事に思うか、何にお金を使いたいかという、プライオリティ(優先順位)が変わった人がいること。

私たちが今回経験したのは、まさに江戸時代以来の鎖国の状況です。他国よりも自分の国が大事。自分の国よりも自分の県が大事。自分の県より自分の家族や自分自身が大事。ほかの人への貢献よりも自分自身を守ることにプライオリティを置いていることが明らかになりました。その結果、消費に対するいくつかの価値観やプライオリティも変わったはずです。実際に、「家族との時間を増やした」「会食には行かない」「もしくは少人数で個室でなければ行かない」と述べている経営者もいます。少なからず「健康」に対する重要度も高まったようで、これまでのトレンドでもありましたが、紙巻きタバコから電子タバコへの転換がかなり進んだようです。

これらの変化が可視化されるのにはもう少し時間がかかるかもしれませんが、このような顧客心理に目を配っておく必要があります。

## ❸マーケティングの意思決定でのスピードと柔軟性がさらに重要になったこと。

皆さんも経験された通り、コロナが拡大しはじめた3月から、緊急事態宣言の発令と解除、その後の規制の緩和等、今年は毎日のように刻々と変わる、かつ前例のないような状況で意思決定をしていかなくてはならない年でした。実際、コロナに対して早めに意思決定して対応した企業と、様子見をした企業ではずいぶん業績が分かれたと感じられていると思います。

「ポケモンGO」を運営しているナイアンティックは、コロナに素早く対応して、業績をあげた会社の1つです。「外に出て歩こう」という遊び方を推奨してきた「ポケモンGO」は、コロナで世界各国で外出規制が発令される中、苦境に立つと考えられていました。ところが「ポケモンGO」をコロナ下でも楽しめるようにするといち早く決定し、すでに4月末には家から出なくても遊べるような新機能（リモートレイド・パス等）を導入し、夏にはリリース時と変わらない過去最高レベルの売上をあげたと報道されています。

現代は、コロナのような「想定外」が当たり前に起きる時代なので、有事の際に素早くかつ（必要なら昨日の決定をひっくり返すような）柔軟な意思決定ができるかが、とても重要な時代になったということです。

## ❹最適なメディアミックスが大きく変わったこと。

コロナ禍で外出自粛になることで、インターネットメディアだけでなく、テレビや新聞などを見る時間が増えたため、それらのメディアの効率が大きく改善しました。また、インターネットやマスのメディアの中でも、伸びたメディアと、そうでなかったメディアで明暗が分かれました。一方で、たとえば屋外の看板などのOOH（OUT OF HOME）と呼ばれるメディアや交通広告などは、何しろ移動する人数が大幅に減少したために、その広告の効率が大きく下がりました。

つまり、コロナ前と後では、ターゲットにリーチするための最適なメディアミックスが大きく変わった、ということです。外出自粛やリモートワークが解かれてきて、新しいインターネットメディアも常に出てきているので、最適なメディアミックスは変わりつづけています。昨日までのメディアミックスを安易に継続することなく、ターゲットに対して最大の効果・効率を上げるようなメディアミックスを常に考えつづけていく必要があるのです。

## ❺広告制作のクリエイティブのオプションが増えたこと。

コロナで外出自粛がかかっているときには、皆さんの中にも「広告は作らなくてはいけないけど、ロケはもちろん、（人が集まる）撮影自体できない。どうしよう？」と悩まれた方もいらっしゃると思います。

ですが、そんな中でも、いろいろな会社がクリエイティブの新しい可能性を見せてくれました。後述する通り、大塚製薬は高校生たちの「自撮り」の集合体を集めた「ポカリスエット」の広告を3月末にはリリースし、その対応の速さだけでなく、新しい「今どき」な広告のクリエイティブを見せてくれました。サントリーは、過去の広告素材を編集して（新規の撮影なく）「BOSS」の「宇宙人ジョーンズがこの惑星の人々へスペシャルメッセージ」という広告を5月中旬にはリリースし、そのタイムリーで素晴らしい内容から感動の声を集めました。日本マクドナルドは、撮影ができないという制約から、アニメーションでの広告に切り替え、「マックシェイク　森永ラムネ『夏のトビラ』篇」などをリリースし、素晴らしい実績をあげました。

今後また、大掛かりな撮影やロケなどができない状態になったときのために、実は広告には実写を撮影する以外にも、いろんなオプションがあることを念頭に置いておきましょう。

論点38

# 「価格で引きつければ、新規顧客の獲得につながる」

新規顧客を獲得するために、デジタルマーケティングで価格20%オフの広告を出そう、小売店のエンドで大量に山積みして目玉製品にしてもらおう、というやり方をよく見かけます。

**しかし、これは最悪のプロモーションです。というのは、その製品を認知すらしていない人たちに、安い価格＝その製品の価値だと認識させてしまうからです。**

強烈な便益イメージがあり、購入への後押しとして価格を下げるのであれば、今なら初回購買が安いから買ってみようと試してもらい、その後、素晴らしい経験だったので買いつづけようという流れに持ち込めますが、だいたいこの手のキャンペーンは便益よりも「今なら安い」と価格ばかりをアピールします。

さらにいうと、「1個買うと、もう1つおまけがつく」というキャンペーンになびくのはおおむね、既存顧客や高いと思って買うのをやめた離反顧客です。その後、普通の価格に戻ったときに、前者は買いつづけてくれますが、後者は買わなくなります。後者が買いつづけるとすれば、使ってみてすごくいい、製品力があると便益を実感し、戻った価格に見合う価値があると感じる場合だけ。つまり、この種の価格による販売促進策を打っていいのは、製品体験、サービス体験にすごく自信があり、体験さえしてもらえれば便益を強く感じ、他では絶対に代替できないと強く感じてもらえる、という場合に限定されるのです。

いずれにせよ、新規顧客を獲得したいと言いながら、既存顧客をどう動かすかという施策になっているため、短期の営業成績は上がったとしても、しばらくすると元に戻って、新規顧客がまったく増えていないことが判明するはずです。しかも、価格で買ったという気持ちが残ってしまうと、次回からも、顧客は価格で選ぶようになり、他社が価格プロモーションをすると、すぐにそちらに流れていきます。

**逆説的に聞こえるかもしれませんが、価格プロモーションをするときは、価格そのもので勝負してはいけません。**まず便益を強烈に伝えて、そのあとの一押しとして価格を用いる。結局、製品やサービスの独自性、便益が大事だということです。

**論点38への回答**

価格プロモーションの極意は、価格そのものにはない。「一度試してさえもらえれば」と製品やサービスの優秀さを確信できるときにのみ使う策で、本質的には諸刃の剣と心得よう。

論点39

# 「リアルで行ってきたファンづくりの施策は、オンラインで代替できる」

この論点については、代替できる可能性はあると思うのですが、まだわからないというのが正直なところです。

今回、オンラインでいろいろなことができることがわかったのと同時に、そこには必ずしも魅力があるわけではないこともわかってしまいました。

たとえば、確かにオンラインでアーティストのライブ演奏を視聴できます。しかし、DVDを見るのとそれほど違いはなく、リアルの場所で同じ時間を共有するからこそ感じる、あの熱量はまったく伝わってきません。

SNSのミクシィは毎年、「モンスターストライク」というアプリゲームの大会を開いています。チーム戦で、最終日の決勝戦は幕張メッセ国際展示場で行われます。ユーチューブで同時配信しているので、家でも試合を観戦できるのですが、毎年、何万人もの人が会場に足を運んでいました（2020年はコロナで中止）。

野球の試合にしても、家でテレビ放送を見てもいいのに、わざわざ暑い日や雨の日に野球場に行って、今回のコロナ禍では、何千円も払って観戦する固定ファンがいつづけたのは、その場で体験することに価値があるからです。

したがって、今回のコロナ禍では、オンラインビジネスが伸びる一方で、外に出たり、リアルで触れ合ったりする楽しさ、大切さを再認識する機会にもなりました。その意味では、リアルな場で行っていたファン向けの施策に代わるものはないのかもしれません。

仮に今後、演劇をオンラインで配信するようになった場合、観客が以前と同じチケット代を払うのかどうかは疑問です。リアルでやる場合も、以前のようにできないのであれば、その価値はより貴重になるので、多くの人数を狙わず、少数のロイヤル顧客向けに、よりパーソナライズし、価格を上げてやったほうがいいわけです。レストランなども個室対応になれば当然、値段は上がるでしょう。それでも、その製品やサービス自体に独自の便益や非代替性を感じているロイヤル顧客はその希少性にお金を使うと思います。

**論点39への回答**

コロナによって、すべてがオンラインとなるとまでは言い切れない。しかし、重要なのは、顧客が何に価値を見出すか、その変化を見逃さないことだ。

提言

# 有事のスピード感は、平時の備えから生じる。

今回のコロナ禍では、デリバリーやECで買うことを、多くの人が強制的に経験することになりました。人間は一度経験してみて、それなりに便利だ、なかなかいいと思った習慣は、次回も受け入れやすくなります。したがって、本来は5～10年かけて経験者を増やし、便益を体験してもらい、習慣化させようとしていた事業者にとって、短期間で一気に経験者が増えたのは追い風ですし、それによってマーケティングの素地はより広がっていると思います。

たとえば、コロナ禍の影響が広まる中で、LINEは300億円を出前館に出資しました。フードデリバリーの成長を見込むとともに、いろいろなサービスを取り揃えたスーパーアプリを目指す一環だと思いますが、その意思決定の速さはさすがだと思いました。まだLINEの他の機能との相乗効果を出し切れていませんが、今後の展開が非常に楽しみです。

ところで、コーヒーチェーンを展開するスターバックスは、北米で最大400店舗を閉鎖し、モバイルで予約して持ち帰る業態を採用することを発表しました。なぜスターバックスにそれができて、競合他社はすぐにできなかったのかという点は、考えてみる価値があることです。

**ここに象徴されているのは、有事での経営判断が速いということよりも、平時にシナリオ・プランニングやクライシス・マネジメントで準備ができていたということです。**スターバックスは、カフェを楽しむことに対して多様な未来を想定していたので、数年前からピックアップだけの新業態開発に着手していたのです。つまり、事前に実験を済ませていたので、いきなりそちらの方向に大きく舵が切れたのです。

それを見て、他社が慌てて追随しようとしても、完全に出遅れるでしょう。ピックアップ業態での収益率はわかりませんが、少なくとも、実店舗のオペレーションの効率化しか当面できない競合よりは明らかに、数年は先行したと思います。

提言

# 選択集中ではなく、ポートフォリオを持つ。

**コロナ禍はさまざまな事実を露呈させましたが、その1つが、これまではないと思いたかった「不要不急のビジネス」が実は存在するということです。**危機のときはみんな不要不急のものは買わないし使いません。ということは、提供するサービスが仮にラグジュアリーカテゴリー1つだけでは、有事の際には手の打ちようがありません。至急必要なものも提供内容に含めておかないといけないのです。

たとえば、エンターテインメント業界は、大人数を動員するコンサートなどが開けなくなり、大きな打撃を受けました。その中にあっても、着実に売上を出しつづけた会社がいくつかあります。たとえば、新日本プロレスは数年前からデジタル配信をしていて、しかも顧客の約半分は海外が占めています。ですから、リアルの興行がまったくできなくても、ある程度の売上が成り立つビジネスモデルになっていました。

外食産業の場合、リアルの店舗のみで展開していた多くの企業は売上が前年比の9割超も落ち込みました。ところが、マクドナルドの売上は大幅に上昇。これは、もともとテイクアウトやドライブスルーなどの仕組みを強化していたからです。

コンビニエンスストアでは、ファミリーマートが競合他社よりも大きく売上を落としました。通勤がなくなって、人がいなくなってしまった都心に集中的に店舗展開していたからです。

**これらの事例からわかるのは、リアルとバーチャル、サービスやその提供方法、さらには、都心と郊外など地理的な面でも、いくつかのポートフォリオを持っておく必要があるということです。**特に、今までデジタルをやってこなかった企業は早く始めたほうがいいでしょう。というのは、ネットには正解がないので、自分たちで試しながら、一生懸命に経験を積んでやり方を見つけるしかないからです。

## ■ポートフォリオが持てない場合は、機敏な動きでカバーする

その一方で、中小企業の場合はサービスの内容、提供方法、地理的な面などで、ポートフォリオを持てないところが多いのも事実です。**その場合は、変化に対応できるよう**

**に、機敏に動けることがポイントになります。**

たとえば、「鎌倉シャツ」で知られるメーカーズシャツ鎌倉の展開は非常に速かったと思います。外出自粛で、みんな通勤をしなくなると、ビジネスシャツは途端に売れなくなりました。しかし、2020年4月には、シャツ素材でつくったマスクを出して、前年売上の9割に達したのです。鎌倉シャツはすべて日本製なので、海外から調達する必要がなかったことも、すぐに転換できた一因となりました。

中小企業ではありませんが、対応の素早さという面で、目を引いたのが、大塚製薬のポカリNEO合唱の広告です。97名の中高生が自宅で、思うように人と会えない中で自分の気持ちを歌った自撮りの動画が、分割した画面上にどんどん出てきて、最後は全員で一緒に合唱する絵になるというもので、大いにバズりました。

CM制作には通常、かなり時間がかかるのですが、このCMが2020年4月から流れたのは驚きでした。最初の計画から変更して作成したのだろうと推測しますが、テレワークやオンライン授業など新しいライフスタイルへの変化を切り取った内容はもちろん、その対応の速さには目を見張るものがありました。

**売れないと思えば、その瞬間に転換すること。**状況が読めないからと様子見していると、命取りになりかねません。

注目事例

## コロナ禍をどのようにチャンスに転換できるか？

これまでとは勝手の違う状況に直面したときに、どのような打開策をとれるのか。日本企業は総じて、先手を打つのが遅いと感じます。ギリギリまで様子を見ていて、最後の最後に、どうしようもなくなった状態で動きはじめるので、事業撤退やリストラなど厳しい対応を取らざるを得ないのです。

しかし、先述のメーカーズシャツ鎌倉のように機敏に対応し、先手を打てる企業もあります。この時期に、私たちが注目した企業をいくつか紹介します。

### ■オイシックス

食材宅配サービスのオイシックスも、この時期に売上を伸ばした企業の1つです。オイシックスはグループ内に、らでぃっしゅぼーやなど類似のサービスを持っているのですが、オイシックスだけが格段に伸びました。なぜかというと、トップ・オブ・マインドを獲得している、つまり、最初に通販で食材を買おうとしたときに、想起の上位に入っているからです。

さらに、満足している既存ユーザーが熱心にレコメンデーションしてくれることも強さの理由でした。つまり、誰かが野菜を通販で買おうとして、どこがいいかと聞くと、「オイシックス」という答えが出てくるのです。

今回、ＥＣの利用が促進されたとはいえ、全部の企業の売上が伸びたわけではありません。結局のところ、コロナ前から日頃の努力を積み重ねて、常に上位の想起に入っていて、ユーザー満足度も高かったからこそ、オイシックスのビジネスが伸び、結果として評判も上がっていて、よいサイクルにつながっているのです。

## ■アメリカのホンダ・ディーラー

アメリカで非常事態宣言が出されて外出禁止となった間、自動車はまったく売れなくなり、店舗を閉鎖するディーラーが続出しました。ところが、よく分析すると、取扱製品の中に売上の立っているものがあったのです。それは、芝刈り機でした。みんな自宅で過ごしているので、暇な時間は庭で芝刈りをする機会が増えていたのです。そこで、芝刈り機のプロモーションをかけた結果、損失を多少なりともカバーするのに役立ったそうです。

主力製品にこだわらず、一時的にユーザーのニーズが変わったのをうまく捉えて、対応できた事例だと思います。

## ■コッタ

お菓子やパンの材料の通販事業を手掛けるコッタ（cotta）は九州で上場している会社です。全国的にはまだ広く名前が知られていませんでしたが、そのサービスのよさが評価され、ロイヤルユーザーも獲得してきました。オンラインショップといえども、コロナ時期にはB2B事業が落ち込み、売上が大きく減少しました。特に、店を開けられなくなった菓子店からの発注が減り、一時的に在庫がだぶつき、その対応に苦慮していました。

その前から、小中学校が休校になって、子どもたちが家で時間を持てあまして、親も子も困っているという声が聞こえていました。そこで在庫を余らせるよりは、お菓子作りセットやパン作りセットをつくって無料で提供し、送料だけ負担してもらおうという案が出てきたのです。

これを早速、実践してみると非常に大きな反響がありました。5月には新規注文件数が昨対比で10倍となったのはよかったのですが、いきなりサーバーがパンクする惨事にも見舞われたのです。当然ながら、クレームも多く寄せられました。スタッフは徹夜続きの作業に追われ、大変な思いもしましたが、もともとクレームの1つ1つに丁寧に応える仕組みを持っていたこともあり、逆にロイヤルユーザーを増やす結果となりました。一度、セットを使ってみた顧客は、子どもたちが再び学校に行くようになっても、家でお菓作りをして家族で食べるのは楽しいということを発見し、その多くがユーザーとして残ってくれたからです。

２０２０年４～６月期の連結売上高は、前年同期と比べ６割増え、株価も３月末から約５倍に伸びています。

この事例で注目したいのは、お菓子作りセットなど提案の中身（ＨＯＷ）ではなく、子どもが学校に行けずに家にずっといると、週末などがすごく大変だという親の声、顧客のニーズ変化の「兆し」にいち早く気づいたところ、普段から、ユーザーの気持ちを誰よりも深く理解し、クレームへの対応もブレずに終始一貫していたことです。巣ごもり需要をとろうとする場合、コロナ感染が広がって問題になった後から、対応について議論しはじめる企業が多いのですが、コッタはそれに先んじて、どのようにニーズが変化し、どんな手を打てるかを考え、準備できていたと言えます。

## ■アソビュー

アソビューは、アウトドアアクティビティやレジャーチケット予約できるサイトを運営するベンチャー企業です。コロナ前までは昨対比170％と順調に成長していたのですが、外に出かけて、ハンググライダー、ダイビング、乗馬などを楽しみましょうと呼びかける事業を行っていたため、外出自粛で移動ができなくなったのは、非常に大きな痛手となりました。2020年4月、5月の売上は、昨対比マイナス95％だったと公表しています。

屋台骨の事業の前提が大きく揺らぐ中で、アソビューがやったのが「顧客起点」ですべてを考え直すということです（第5章169ページ参照）。同社のステークホルダーである従業員、パートナー企業、ゲスト（消費者）のそれぞれに対して、1人の顧客（N1）を起点に打ち手を編み出し、高い成果につなげていきました。

詳しくは、代表取締役社長の山野さんが note で公開されている記事をご覧いただきたいですが、まず、緊急事態の中で社長自らが先頭に立って素早く従業員の仕事を確保し、そのうえで、ゲストへの打ち手である「おうち体験キット」を打ち出し、同時にパートナー企業の支援を行ったのです。

東京では4月7日から5月25日まで、緊急事態宣言による外出自粛が続きましたが、1週間もすれば、「ステイホームに飽きた」という顧客の声が聞こえてくるようになりました。外出自粛で苦境に立たされていたアソビューですが、そもそものミッションは「ワクワクを すべての人に」です。「外に出かけることができなければ、アソビューは何もできないのか」「お出かけができないときにどうすればワクワクを届けられるのか」と考えはじめたのは自然なことだったといいます。

そこから、家の中でみんなが楽しめることを提案しようと考え、「おうち体験キット」というサービスをリリースしました。これは、インテリアフラワー作り、そばうち体験、陶芸体験といったオリジナル体験キットを自社開発し、キットと動画でおうちが本格体験教室にさながらになるプロダクトです。

検討から3か月も経っていない6月のリリースなので、短期間で一気に新たなサービスを開発、提案し、新しい需要を生み出すことに成功したといっていいでしょう。従前からアソビューと同様のサービスを提供する競合企業は多かったのですが、顧客起点で考えることで、自らのそのどこよりも早くに動くことができました。

さらに、コロナ禍での厳しい入場制限やチケット販売異数の管理に苦しまれているパートナー企業の皆さんに、日時指定電子チケットシステムを緊急開発し、それを無償導入しました。「この仕組みがあったからこそ営業再開に踏み切れた」との声も聞かれるほど、非常に役立てられたようです。言わずもがな、最終的なゲストの満足度を高めるには、従業員の士気、そしてパートナー企業の皆さんのサービスが問題なく実行されることが重要です。最終便益につながるバリューチェーンを理解していたことが、この打ち手につながったと言えます。

このような顧客起点での矢継ぎ早の打ち手により、アソビューは、急激に業績を回復し、昨対比マイナス95%から2020年8月の流通総額で、昨対比230%を記録しました。コロナ前の成長率を大きくしのぐ数字です。

周囲の環境が大きく変わり、顧客の行動が変わるときに、本質的なニーズを突き詰めて考え、自社にできることを考える。顧客を起点にゼロベースで考えることで、従前のビジネスドメインそのものを柔軟に変えられたという事例だと思います。

解説

## 複数のシナリオを使ったクライシス・マネジメント

日本で緊急事態宣言が出たのは2020年4月でした。ただこのタイミングでは、5月か6月からまたこれまで通りにビジネスができると思っていた人が大勢いました。そういう人たちは、あと1か月くらい辛抱すればいいと考えて、まったく動きませんでした。

それに対し、GMOインターネット社では、中国の武漢での感染拡大のニュースを知るや、1月末からグループ全体で在宅勤務体制に入りました。当時は、GMO社長の熊谷正寿さんに対して、やりすぎだ、そこまで騒がなくてもいいとの声も上がりましたが、結局その判断は的確だったことが称賛されています。それだけでなく、GMO社員は会社に対するロイヤリティを非常に高めていると聞きます。

さらにいうと、日本に拠点を持つ外資系企業も、2月末から在宅勤務に切り替えるなど、かなり早い動きを見せました。

**これは、先にも触れたシナリオ・プランニングやクライシス・マネジメント（危機管理）に力を入れてきたかどうかの違いだと思います。**特に世界各国で展開している企業はこれまで、何度もクライシスを経験しています。たとえば、中南米では1980〜90年代にクーデターが起こり、施設を没収されたり資産が凍結されたりしました。近年でも、ある国でSARS《サーズ》やMERS《マーズ》が流行り、ビジネスを閉鎖したり、店舗を破壊されたりしました。あるいは、政権交代で突然ルールが変わり、営業活動ができなくなる状況もあります。そのときは大変ですが、その経験を学び、再びそういうことが起きるという前提で経営戦略を立てて、その場合に何を優先すべきで、具体的にどんな対応をとるかというノウハウを培ってきたのです。

実は、世の中で起こるこの種の環境変化は、それほど多くの種類はありません。自然災害、大火事、感染症拡大、政治リスク、法律改変、軍事クーデター、地域紛争など、各国で以前起こった状況を見ていけばすぐに整理できるので、それぞれについて実際に起こったときどうするか、誰が意思決定するかを考えておけばいいだけのことです。それほど大変なことでもないのですが、**考えているかいないかで、初動が変わってきて、その差がその後に続く結果に響いてきます。**

## P&Gとロート製薬は危機の際に何を行ったのか？

日本国内だけを見れば、平和な時代が長く続き、そこまでドラスティックな変化はありません。クライシス・マネジメントといえば、せいぜい地震が起こったときに、どのように避難するかを決めて、連絡網を整備し、社内に食料の備蓄を用意し、寝袋を準備しておくくらいに留まっていました。外資系企業のクライシス・マネジメントに触れてきた私たちの経験からすると、ここがかなり違いを感じる部分です。

たとえば、P&Gの阪神・淡路大震災後の初動は非常に早いものでした。いろいろな国で災害や戦争に巻き込まれた経験があるので、起こったその日に指示が飛んで、社員の安全確認をして情報を集約し、次の日には何をするかという青写真が見えていました。

その経験があったので、東日本大震災で原子力発電所の問題が出たときには、P&G出身者のネットワークも駆使しながら、情報交換を行いました。ロート製薬では、いざというときに都内にいる全社員とその家族を東京から脱出させられるよう、貸し切りフェリーを手配し、大阪本社の広大な土地にテントを張って一時的な避難先をつくるような案も用意していました。幸い実現することはなくてよかったのですが、こうした準備をしている企業と、そうではない企業とでは、対応のスピード感は異なります。

アフタートーク

# コロナ後にこそ、差別化ではなく独自化を目指そう

論点40

# 「カテゴリー内で圧倒的な差別化さえできれば、生き残れるのか？」

足立　いろいろな会社でコンサルティングをしていると、**マーケターも含めた多くのビジネスパーソンが「差別化信仰」に囚われているのを感じます。** 差別化というのは違いを意味しているだけであって、それが優位かどうかはわからないはず。少なくとも優位に立てる違いがないと、顧客が選ぶ理由になりえない。

西口　差別化についてはちょっと思ってることがあるんですよ。自分の体験からしても、**差別化を図ろうということ自体がダメなんではないか、と。** なぜなら、ベンチマークをしてしまうから。誰々に対して、うちはより大きい、より速い、より多い、より楽しいといった「比較級」の世界になっていってしまう。

すると、お客様もすでにマーケットにあるものの中で比較をしはじめる。洗剤でいえば「アリエールはより白くなる」というメッセージによって、競合品「アタック」のユーザーにアリエールではなくアタックを想起させようとしています。その中には、アタックよりも白くなるならアリエールを買おうと思う人もいるかもしれないけど、「いやいや、そんなことはない。アタックも白くなるよな」というリマインド機能になってしまうことだってある。

**だから、比較ではなく、絶対値としての便益、オンリーワンとしての独自性を押し出せるものを考えるところから、製品設計やマーケティングの提案は本来スタートしなくてはいけないんじゃないかなと。**

足立　そのほうが理想的だけど、そうではない状況もあるのでは？

たとえば、エアコンを選ぶとき、ほとんどの人は性能と値段を比較するよね。そういう製品は、ベンチマークして、競合より何％エネルギー消費効率がいいという比較級で訴求するのは有効じゃないかなあ。

ただ自分自身は、競合をあまり見ないようにしてきたし、ほかの人にもそうするよう勧めています。**なぜかというと、競合を見ると真似したくなるから。それではイノ**

**ベーションが生まれない。**

西口　それはそうだと思います。**目指すべきは、独自化。**マーケティングではトップ・オブ・マインドとよく言われる、あれです。人は、金メダリストの名前は憶えていても、銀メダリストの名前は憶えていない。認知として残るのは1つだから、独自性のある便益を提供して、唯一の存在や理由でないといけないんです。

足立　価格については、競合のベンチマークも必要ですよね。あまりにも価格差がつきすぎるのはよくない。けれども、何を提供するかに関しては、競合と比較されないのがベスト。比較されなければ、独自のものだから、価格も比較的自由につけられるようになる。

解説

## differentiationの本当の意味とは？

西口　「差別化」というのは、コトラーなどが書いていた「differentiation」の翻訳がどうも使われているらしいんですけど、本来の意味は、分化。「固体が形成されて特殊化される過程」という説明もつけられたりしますが、**要するに、分けることであって比較ではない。ところが、日本語に訳して「差別化」とすると、なぜだか比較級の思考に入ってしまう人がいるんですよね。**

だから、何かを見ては、つい比較してしまう。そしてだからこそ、その何かを見てはいけない。足立さんの言う通りで、ベンチマークをしてはいけないんです。

足立　面白いですね。これまでdifferentiationは差別化だと思っていたけど、確かに分けるのであれば、比較じゃないよね。「**独自化**」が正しいのかな。

西口　差別化の説明を見ると、「競合他社に対して自社のポジションを確立するために、意味のある違いを打ち出す活動のこと」とある。日本ではこの「競合他社に対して」が誤解されて、比較級に入ってしまうのだろうと思っている。こうなると、独自性や個性を明確に打ち出そうという本来の意図とは違ってしまう。

足立　とはいえ、同じようなサービスをする銀行が複数あり、そこから選ぶとなれば、お客様はやはり比較してしまいますよね？　お客様の視点から、比較される対象がある場合には、比較相手がいてもいいと私は思います。

**比較するときの問題は、顧客ではなく、競合や上司を見て仕事をするパターンになりやすいこと。**たとえば、ビーフシチュー屋をやっていて、駅前にもビーフシチューを出す喫茶店が2軒あったとします。そうした競合を見て「うちのほうが〇〇だ」という比較を打ち出しがちですけど、お客様からすれば、出されたシチュー自体がおいしいか、どれだけの人がおいしいと思うかのほうが重要。競合からスタートすれば新しい発想は出てこないし、消費者視点にならない。

西口　「肉たくさんの」ビーフシチューと言われれば、そっち行きますけどね。実際には、もう1軒と比べて肉の量が多いか少ないかわからないけど、**言い切られるとそれは独自の便益になる。**お腹減ってきたな。

1位に対して2位、3位が向かっていくとき、ヨットレースで先頭のヨットが左に切ったら、同じく左に切っていれば、絶対に勝てない。たとえば世界一高いビルだったのに、新たな世界一が出てきたら、さらに高さを出すのは難しいはず。そのとき、2番手としてどうするか。たとえば、外壁を全部緑にして、緑のビルで認識してもらうというように軸を変えていく必要があります。

ところで面白いのが、1位の企業が存在しても、市場の中でその独自性や差別化があまり知られていない状況であれば、2番手が同じことを訴求して先に認知されると、競争に勝ててしまうケースがあること。

たとえば、メルカリがそうですよね。ヤフーオークションやラクマ（旧フリル）などが先行していたけど、そのカテゴリー自体があまり認知されていなかったので、最初にメルカリを使ったユーザーにとって、メルカリがカテゴリートップのブランドになったという。

足立　逃げ切り型のビジネスでは、最初に入った企業が圧倒的に有利になるけれども、先行している人の認知とか、またはユーザーの使っている比率が少ないのであれば、同じことをやっても認知やユーザーを取れれば勝てるかもしれない。**すでに先行している企業がいるというのは、勝てない理由ではないんですよね。**

西口　そうそう。**2番手、3番手で出遅れたと思っても、まだまだ逆転の可能性があるかもしれない。にもかかわらず、顧客を見ずに、競合を見て戦略やプランを組んでいる場合があまりにも多い。**

ＴＡＭと呼ぶのですが（論点31を参照のこと）、全体の市場規模をまず把握したうえで、どこを狙うのか、どのようなポジショニングがとれるのかを検討していかなければ、お客様にとっての便益や価値も提供できないし、投資の意思決定も本来はできません。

足立　なるほど。賢くなった気がしてきた（笑）。今後、差別化について、みんなが「独自化」という言葉を使うようになったら、たぶんその言葉に引っ張られて、マーケティングのやり方も変わってくるのかもしれませんね。

結論

## 2人からマーケターへのメッセージ

足立　マーケティングやビジネスはネバー・エンディング・ストーリーなので、「これで勝った」と思った瞬間に負けが始まります。常に自分自身がやっていることを見直しつづけてくださいね、ということに尽きます。

最近でいうと、デジタルだとか、コロナだとか、何が変わったという話が多いですが、そうした枝葉末節に囚われず、何が変わらないかという点を追求したほうが勝っていけると思います。人が何かを買う理由や欲望は何千年も変わりません。変わらないことを見据えたうえで、新たなメディアなど変わる部分について理解して対応していくことが大切です。自分自身、消費財、アパレル、外食、ITなどまったく異なる業界を経験してきましたが、常に業界での違いより共通していることを意識してやってきました。

それから、お客様に憑依して、お客様になりきって考えること。自分自身が消費者視点を持つことが一番大事です。自分自身が1人の消費者だということを忘れないでいてほしいと思います。

西口　私からの1点目は、とにかく顧客起点で考えてほしいということ。そして、自分とお客様を仕掛ける側と仕掛けられる側に分けないこと。分けて考えると、すぐにどうやって顧客に買わせるかというHOWを考えはじめてしまいます。そうではなく、重要なお客様が誰か（WHO）、そのお客様にとって本当に何が重要な価値や便益か、お客様に何を提供したら喜んでもらえるか（WHAT）を考えないといけません。

そのうえで2点目として、お客様が価値を感じるものを提供したときに、利益が得られる仕組みがつくれるかを考えてほしい。マーケティング予算を使って何かの結果を得たということではなく、最終的に会社全体のコストを見たときに、本当に利益をもたらして、来年も再来年も会社にとって利益をもたらせるか。ここを考えることで、マーケターの視野が広がり、経営視点を学ぶことができます。自分が担当するマーケティングの手法手段＝ＨＯＷの仕事も超えられるのです。

視点を移動させて初めて「お客様が喜ぶ、会社も喜ぶ、社会も喜ぶ」という近江商人の「三方よし」が成立します。そういうマーケターを目指してほしいと思います。

西口一希（にしぐち・かずき）

株式会社 Strategy Partners 代表取締役
M-Force 株式会社共同創業者

1990年P&Gジャパン株式会社に入社し、ブランドマネージャー、マーケティングディレクターを歴任し、パンパース、パンテーン、プリングルズ、ヴィダルサスーン等を担当。2006年ロート製薬株式会社に入社、執行役員マーケティング本部長としてスキンケア商品の肌ラボを日本一の化粧水に育成、男性用ボディケアブランドのデ・オウを開発、発売1年で全身洗浄料市場でNo.1に育成。スキンケア、医薬品、目薬など60以上のブランドを担当。2015年ロクシタンジャポン株式会社代表取締役。2016年にロクシタングループ過去最高利益達成に貢献し、アジア人初のグローバル エグゼクティブ コミッティ メンバーに選出、その後ロクシタン社外取締役 戦略顧問。2017年にスマートニュース株式会社へ日本および米国のマーケティング担当 執行役員として参画、累計ダウンロード数5,000万、月間使用者数2,000万人、企業評価金額が10億ドル（約1,000億円）を超えるユニコーン化への成長に貢献。2019年9月スマートニュースを退社。株式会社 Strategy Partners の代表取締役として事業戦略・マーケティング戦略のコンサルタント業務および投資活動に従事。戦略調査を軸とするM-Force株式会社を共同創業。

著書に『たった一人の分析から事業は成長する 実践 顧客起点マーケティング』(翔泳社)。

## 足立 光（あだち・ひかる）

株式会社ファミリーマート エグゼクティブ・ディレクター、チーフ・マーケティング・オフィサー（CMO）

P&Gジャパン株式会社、シュワルツコフ ヘンケル株式会社社長・会長、株式会社ワールド執行役員、日本マクドナルド株式会社上級執行役員・マーケティング本部長、株式会社ナイアンティック シニアディレクター プロダクトマーケティング（APAC）等を経て、2020年10月より現職。日本マクドナルド時代は、同社のV字回復の立役者のひとりとして活躍。

株式会社I-neの社外取締役、M-Force株式会社のパートナー、スマートニュース株式会社や生活協同組合コープさっぽろ等のマーケティング・アドバイザーも兼任。著書に『圧倒的な成果を生み出す「劇薬」の仕事術』（ダイヤモンド社）、『「300億円赤字」だったマックを六本木のバーの店長がV字回復させた秘密』（WAVE出版）。共著に『世界的優良企業の実例に学ぶ「あなたの知らない」マーケティング大原則』（朝日新聞出版）。共訳書に『P&Gウェイ』『マーケティング・ゲーム』（ともに東洋経済新報社）など。オンラインサロン「無双塾」主宰。

# アフターコロナのマーケティング戦略
# 最重要ポイント40

2020年12月８日　第１刷発行
2020年12月23日　第２刷発行

著　者――足立光、西口一希
発行所――ダイヤモンド社
〒150-8409　東京都渋谷区神宮前6-12-17
https://www.diamond.co.jp/
電話／03･5778･7233（編集）　03･5778･7240（販売）

編集協力――渡部典子
装丁――松昭教(bookwall)
本文デザイン、DTP―matt's work
校正――鷗来堂
製作進行――ダイヤモンド・グラフィック社
印刷――勇進印刷(本文)・加藤文明社(カバー)
製本――ブックアート
編集担当――廣畑達也


ISBN 978-4-478-11161-1